中国现代作家青春剪影丛书

修订本
凤凰之子
沈从文

李家平——著

时代出版传媒股份有限公司
安徽教育出版社

图书在版编目（CIP）数据

凤凰之子：沈从文 / 李家平著. —修订本. —合肥：安徽教育出版社，2022.11

（中国现代作家青春剪影丛书）

ISBN 978-7-5336-9653-5

Ⅰ.①凤… Ⅱ.①李… Ⅲ.①沈从文(1902-1988)—生平事迹 Ⅳ.①K825.6

中国版本图书馆CIP数据核字（2022）第030028号

凤凰之子　沈从文

FENGHUANG ZHI ZI　SHEN CONGWEN

出 版 人：费世平
统筹编辑：周　佳
责任编辑：时　沂
装帧设计：王莉娟
美术编辑：吴亢宗
责任印制：陈善军

出版发行：安徽教育出版社
地　　址：合肥市经开区繁华大道西路398号　邮编：230601
网　　址：http://www.ahep.com.cn
营销电话：(0551)63683015,63683016
排　　版：安徽时代华印出版服务有限责任公司
印　　刷：安徽联众印刷有限公司

开　　本：880 mm×1230 mm　1/32
印　　张：7.25
字　　数：143千字
版　　次：2022年11月第1版　2022年11月第1次印刷
定　　价：28.00元

（如发现印装质量问题，影响阅读，请与本社营销部联系调换）

青春剪影出一首首梦的歌（代序）

傅光明

鲁迅《呐喊·自序》的开篇第一段话是："我在年青时候也曾经做过许多梦，后来大半忘却了，但自己也并不以为可惜。……这不能全忘的一部分，到现在便成了《呐喊》的来由。"紧接着，他回忆起儿时家庭从小康坠入困顿，这样的苦涩经历使他从中得以看见世人的真面目，继而要"走异路，逃异地，去寻求别样的人们"。

从他睁开眼看世界，他便有了梦，很美满的一个梦——到日本，学医，救治像他父亲一样"被误的病人的疾苦，战争时候便去当军医，一面又促进了国人对于维新的信仰"。直到课堂上放映关于日俄战事的画片，"忽然会见我久违的许多中国人了，一个绑在中间，许多站在左右，一样是强壮的体格，而显出麻木的神情。据解说，则绑着的是替俄国做了军事上的侦探，正要被日军砂下头颅来示众，而围着的便是来赏鉴这示众的盛举的人们"。

这个故事本身已具有经典性，不仅如此，相信凡熟悉鲁迅的读者更喜欢咀嚼接下来的这一小段文字，因为它是鲁迅作家梦开始的地方:"医学并非一件紧要事,凡是愚弱的国民,即使体格如何健全,如何茁壮,也只能做毫无意义的示众的材料和看客,病死多少是不必以为不幸的。所以我们的第一要著,是在改变他们的精神,而善于改变精神的是,我那时以为当然要推文艺,于是想提倡文艺运动了。"

这时,他又开始做好梦了。从仙台辍学回到东京,他邀几位朋友一起办杂志,以期迈出文学的第一步。但这本取"新的生命"的意思而叫《新生》的杂志,在策划中便胎死腹中,梦也随之转瞬即逝了。

因梦无法实现而带来的寂寞,一天天地长大起来,"如大毒蛇,缠住了我的灵魂了"。然后是无端的悲哀和驱除不尽的痛苦,而麻醉的最好办法是"使我沉入于国民中,使我回到古代去",让生命黯然销魂,直销到"再没有青年时候的慷慨激昂的意思了"。

就这样,在蚊子多的一个夏夜,已蛰居北京,在绍兴会馆里百无聊赖抄古碑的鲁迅,迎来了一个老朋友。这位"偶或来谈"的老朋友金心异,便是正协助陈独秀编辑《新青年》杂志的钱玄同。聊天中,一段石破天惊的对话呱呱坠地,并成为中国现代文学史上经典的里程碑式的思想意象:

> 假如一间铁屋子,是绝无窗户而万难破毁的,里面有许多熟睡的人们,不久都要闷死了,然而是从昏

睡入死灭，并不感到就死的悲哀。现在你大嚷起来，惊起了较为清醒的几个人，使这不幸的少数者来受无可挽救的临终的苦楚，你倒以为对得起他们么？

然而几个人既然起来，你不能说决没有毁坏这铁屋的希望。

由此，鲁迅发出"狂人"的呐喊，《狂人日记》不仅成为小说家鲁迅的起点，更成为中国现代白话小说的源头和丰碑。

可以说，鲁迅是在生命日渐消沉的时候才做起小说来！显然，是五四精神孕育出了鲁迅的新生，而鲁迅又给五四精神注入了别样的新鲜活力和深邃的思想光芒。那本在东京未出世就夭折了的《新生》雪藏起鲁迅的摩罗诗力，而一本在北京崭新的《新青年》却真的赋予了鲁迅新的生命——文学的、艺术的、精神的、思想的不朽生命。

简言之，一篇短短的《呐喊·自序》，已大致可以为鲁迅，同时也可把这样的梦影当参照，为许多现代作家，甚至为读者自己画一幅青春剪影了。

像鲁迅一样，世上所有的人，年轻时候都会做许多梦。醒来一个梦，再做下一个梦，有梦便有希望在，人生的过程就是在不断做梦寻梦。当然，悲哀时，又会感觉一如鲁迅所说，"人生最苦痛的是梦醒了无路可以走"。如果真的无路可走了，还是要做梦，回忆青春的梦。没有了梦，便只剩下了绝望。

这套书里的作家们，年轻时几乎无不是有着一个又一个的梦。郭沫若和鲁迅一样，早年赴日本留学时，学的是医学，后因受到荷兰哲学家斯宾诺莎和美国诗人惠特曼思想的影响，决心弃医从文；与郭沫若等一同发起成立"创造社"的郁达夫，留日之初，考入的是东京第一高等学校医部预科，后又改学过政治学、经济学；冰心在写她的《繁星》《春水》以前，就读于协和女子大学理科，向往的也是日后成为一名医生。

然而，任何一个梦想的实现，都需要付出巨大的艰辛、努力。一个人的青春岁月，时常是苦恼与快乐相伴、信心与茫然相随。正是在这个时候，已经长大了的青少年，会突然惊奇地发现，原来世间的事情是如此的复杂，连黑与白的界线都有可能变得不明晰和不确定起来，无法一下子认定的事情越来越多。这些对于作家来说，却又是不可或缺的人生经历和体验。

无论他们在年轻时做过怎样的梦，有一点是共同的，即读书、求知。他们大都有过在海外或留学，或进修，甚或流亡的经历；他们中的许多人至少懂得一门外语，像巴金、郁达夫、钱锺书、杨绛等，通晓的外语都在两门或两门以上。茅盾是在大革命失败后，流亡日本时，深度创作他的小说处女作《蚀》三部曲的。巴金的小说处女作《灭亡》写于巴黎，这之后，他的写作一发不可收。朱自清在出任清华大学中国文学系主任的前一年，曾在英国进修过语言学和英国文学，后漫游欧洲五国，才有后来写作的

《欧游杂记》《伦敦杂记》。艾青最初读的是艺术学院绘画系，后在赴法国勤工俭学时，边学绘画，边接触欧洲现代派诗人，最终成为诗人，而不是画家。在南开中学就开始参与戏剧活动的曹禺，初入南开大学，读的是政治系，转至清华大学西洋文学系才真正开始钻研戏剧，从古希腊剧作家到莎士比亚、契诃夫、易卜生、奥尼尔，孕育出了他的《雷雨》《日出》。

每个作家都有藏在他的文学梦背后的故事，这些故事对于启迪我们的人生智慧和精神思想，都是难得的知识营养。通过这些故事，我们知道，徐志摩最早没想过要成为诗人，他留学美国时，学的是经济，转去英国，是为了追随罗素，搞政治。当丁玲陷在生活的困惑之中，她做过画家梦，更做过电影明星梦。各自已有深厚的人生体验的川籍作家艾芜、沙汀，是在他俩相遇后，才一起走上文学路的。从湘西走出来的"乡下人"沈从文，学历只到小学，经过人生的许多坎坷沧桑，矢志不渝，最终成就了自己的文学梦。

对于今天的读者，已经成为历史的他们，在这个"剪影"里构成了一组混着一个又一个青春生命泪与笑的梦的合唱。如果能够从他们一串串的梦里找到自己，相信你的未来不是梦！

沈从文

(1902年12月28日—1988年5月10日)

目录

楔　子/001

第一章　希望之光/006

第二章　初遭劫难/012

第三章　上学堂/018

第四章　跪　香/025

第五章　聪明野孩/032

第六章　良心上的折磨/040

第七章　美丽的凤凰/047

第八章　革　命/053

第九章　砍　头/060

第十章　新学校/064

第十一章　预备兵/069

第十二章　当兵吃粮/080

第十三章　清　乡/089

第十四章　最初的转变/099

第十五章　乡下人/107

第十六章　滩　声/116

第十七章　多情的"大王"/122

第十八章　冲破寂寞/135

第十九章　走出湘西/141

第二十章　好大一座城/148

第二十一章　最初的文学生涯/153

第二十二章　"我是郁达夫"/160

第二十三章　香山上的故事/165

第二十四章　三个人的梦/171

第二十五章　苦难的转折/181

第二十六章　孤雁哀鸣/186

第二十七章　第一次授课/197

第二十八章　锲而不舍的求婚/202

第二十九章　大海情思/210

余　音/220

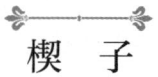

楔　子

在那湖南省西部，被人们称作湘西的地方，坐落着一个小小的暗红色石头城，她就是湖南省凤凰县的县城。小小的凤凰城，精致又古朴，城里人世世代代过着宁静的生活，整日在铺着石板的狭窄街道上走来走去，日日如此，月月如此，年年如此。如果，我们能在高空中俯视凤凰城的话，就会看清小石城原来深深地"埋陷"在连绵起伏的大山中间。有条沱江环城略绕，便将尾部一甩，掉头流走，注入湘西著名的武水，武水再流入沅江，沅江水势增大，滚滚洪流在山间左冲右突，最终闯出群山注入四通八达的洞庭湖。不用说，流经凤凰城外的小小沱江，就是过去人们水上的主要交通路线。也不难想象，凤凰城在从前是多么的封闭。

小石城外的苍茫大山一座连一座，望不到尽头，大山里一年四季草木繁盛，景色非常美丽。莽苍苍的原始森林中有各种野兽出没，夜晚，城里人都听得到附近的虎啸狼嚎。但在白天，你会被这里美丽的山林所吸引，为大自然的风光所陶醉。在这广阔的山野土地上，不仅居住着汉民，自古以来还居住着苗、瑶、峒、土家等少数民族居民，应该说，这些少数民族是这一带最早的居民。可是，这些少数民族自古就受着封建统治者的压迫与歧视，被轻蔑地称作"南蛮子"。其实凤凰城当初就不是自然形成的城市，而是官府为防备苗族人民"叛乱"所修建的军事设施——城堡。从前，这一带曾修筑了许多碉堡、哨卡，还有城墙，到处是兵营，凤凰城内的人，也多半是军人。那时节，这一带旌旗招展，鼓角声声，一派战争的气氛。直到清朝末年、"民国"初建时期，这种紧张气氛才渐渐消失，城内淡泊过活的居民占了多数，山野间的军事设施逐渐残破坍塌。但少数民族地位依旧低微，传统的歧视观念仍保留在人们的头脑中。

湖南人勇武，湘西一带更是崇尚武力，仅一个凤凰就出了不少军官，其中有四人还是清政府的提督。本书主人公沈从文的祖父沈宏富，就是那四名提督中的一个，他一生中最辉煌的时候，曾当过一省的最高军事长官——贵州提督。他使沈家成了凤凰城内的名门望族，在当地享有很高的声誉，所以尽管沈从文出生后沈家已经在走下坡路，开始衰败，但沈从文仍是少爷身份，受人另眼看待。当地人宗族观念极强，总希望能使家族世世代代大富大贵，如果家庭中出了大官或名人，就希望子孙万代都要像他们的"先人"那样，保持住官职荣誉、家产田地。沈家也不例外，既然出了沈宏富那样的人物，一家上上下下都盼望着子孙"像祖宗"（人们把不孝顺也就是不像祖宗的人称作

"不肖子孙"），具体来说就是像沈宏富，去建业立功，光宗耀祖。

也许有人会问，为什么一个小小的凤凰城会涌现出这么多的军官呢？说起来，这还得归结于1851年爆发的太平天国起义。那时候起义军几乎占领了半个中国，清王朝眼看就要被推翻，而清王朝统治者的八旗军早已腐败，像朝廷皇族一样无能，根本打不了硬仗。为此，朝廷调集各地方军队前去镇压起义军，并不惜用高官重金作奖赏来引诱这些地方军英勇作战，沈宏富就是随着湘军出征，转战各地靠军功当上提督的。由于这场战争一打就是十几年，再加上战场辽阔，战事频繁，清廷封出去的官可就多了，以致战争结束后，许多退伍老兵有官无俸，生活都没有着落，相当"可怜"。据说当年有一个七品县官到北京访友，在京城雇了辆人力车赶路，一路上嫌拉车的老头走得慢，嘴里便骂骂咧咧。不料车夫把车一撂，从怀中掏出五品顶戴来骂道："你跟咱摆什么臭架子，老子的官衔比你还高哩，今儿伺候你是你的福气！"吓得那个小县官跳下车抱头鼠窜。

当然，那老车夫被授予的只是个虚衔，类似于今天发的荣誉证书，所以不能指望这种官衔养家糊口。沈宏富却是获得了实衔的，他在云南、贵州、四川都做过官，这对一个曾经卖马草为生的青年来说，已经相当不容易了，如果他不是过早死去，也许沈家的兴旺发达还会持续更长一段时间。总之，三十岁上下的沈宏富回到凤凰城不久，就因伤病去世了。

沈宏富没有留下子女，挣下的一份不算太丰厚的家产需要有人继承，照当地风俗习惯，要从近亲中找个男孩过继给他当儿子，续"香火"。在沈宏富妻子的主持下，延续沈家后代的任务交给了沈宏富的弟弟沈宏芳，但这位住在乡下的沈宏芳也有麻烦——妻子不能生育。沈宏富妻子又做主从贵州领来一位姓刘的苗族姑娘给宏芳做二房。苗族妇人刘氏为沈宏芳先后生下两个儿子，后来他将老二过继给沈宏富做儿子，起名沈宗嗣，也就是沈从文的父亲。如此算来，沈宏芳应该是沈从文的亲爷爷，而刘氏则是沈从文的亲奶奶了。可是刘氏根本没有任何名分，只因她是个苗族女子。那年月，苗族人备受歧视，社会地位低微，甚至连参加文武科举考试的资格都没有。这可是件大事，沈家还指望着沈宗嗣和他的后代继承先辈事业呢，所以他们不能让外界知道沈宗嗣生母的身份。就在刘氏生下宗嗣后不久，她便被沈家悄悄地嫁到很远很远的地方去了。为掩人耳目，沈家还在老家黄罗寨旁的林子里造了座假坟，谎称刘氏已经死去，逢年过节子孙们还要来这里烧香祭拜，沈从文自小就来跪拜磕头，却对他亲奶奶的事一无所知。刘氏被卖后，沈宏芳又娶了第三房，继续生儿育女，就不再提了。

小小凤凰石头城，却是个出人才的地方，别看它在地图上是那么的不起眼,这里不单出将才,还出文人。从历史上看,凤凰至少出了两个大文人。第一个大文人,名叫熊希龄(1870—1937)。他是清光绪年间的进士,曾任湖南时务学堂提调,在清政府做过参赞。辛亥革命后,熊希龄在袁世凯政府出任过财政总长乃至"国务总理",是风云一时的政坛显赫人物。后来,熊希龄又在段祺瑞政府任行政院院长等职。退出政坛以后,他致力于社会慈善事业,位于北京香山的著名的香山慈幼院,就是熊希龄开办的。

另一个大文人,就是本书的主人公沈从文了。沈从文原名沈岳焕,他没有顺从家族的期望,到战场上凭着一刀一枪累积战功,做个大将军,而是像他后来的名字那样,从事了文化事业。他走的是另一条路,崎岖曲折,漫长平淡,却艰难困苦。他努力奋斗,却也不得不接受命运的摆布。

第一章

希望之光

1900年5月,大沽口炮台。

凌晨时分,集结在大沽口外的俄、英、日、美、法、意等国的二十多艘军舰,突然一齐向大沽口炮台开炮射击。霎时,炮台陷入浓烟火海之中,红得耀眼的火光驱净了海边的宁静,炮弹打到哪里,哪里瞬间便闪亮起橘红色火光,在滚动的黑烟中火光此起彼伏。炮台震颤着,痛苦地忍受着射来的飞蝗似的炮弹的肆虐。

俄顷,纠集在一起的侵略军,怪叫着挥舞着刀枪登上海岸,疯狂地扑向炮台。他们随军舰已经在大沽口外静候了一个星期,眼望着中国海岸,早就急不可待:那边就是广阔、古老、神秘、富饶的一个大国,那里有无数的财富在等着他们去掠夺,无数的人在等着他们去奴役,而征服这片土地,据长官说是很容易的事,因为清政府军队几乎没有任何先进武器。长官向他们许诺,登岸以后,可以任凭他们烧杀抢掠,更使得他们像胃口吊足的豺狗一样急红了眼睛。

炮台上硝烟尚未散尽,守将罗荣光已把将士们调到前沿,看来损失不算太大,尚可一战。令人焦急的是,援军迟迟不见踪影。昨天，罗荣光已经收到沙俄海军中将发来的最后通牒，限他今日凌晨交出炮台。罗当即派人火速求援，期望能与援军协同作战，拒敌于国门之外，可直到现在除了闻讯赶来的为数不多的义和团团民，并不见官军前来增援。顾不得许多了，罗荣光战刀一挥：开炮！大炮吐出愤怒的火焰，部分守军和义和团团民也向扑来的侵略者开火还击。一阵激战，强盗们在炮台前丢下近百具尸体退了回去，敌舰也有几艘受伤冒烟，稍稍向阵尾驶退。

沙俄海军中将震怒了，因为他前几天已从电报得知，由西摩尔率领的八国联军两千多人从天津向北京进犯时，在廊坊一带受阻，战况异常不利。战局迫切需要他的军队在大沽口登岸，撕开另一个口子来扩大战争规模。军舰上所有的炮口瞄准了大沽口炮台，快速急发，侵略军又掉过头来，潮水般地扑向大沽口守军，他们冲上即被击退，退下去复又冲上来，死伤已近二百人，但仍然猛攻不止。

罗荣光眼看着炮台的防卫力量在迅速减弱，心里明白，此刻弟兄们差不多快要打完炮弹了，阵地被冲得零零落落，战士们几乎都在各自为战。他知道已经无法指望援军了。此时此刻，京城里的权贵们早就慌作一团，纷纷自保找寻逃路，谁还顾得上大沽口还有一标守军在浴血搏杀、拼死卫国呢？

排炮狂暴地轰打在炮台上，浓烟烈火中，守军和义和团团民纷纷倒下，倒下……经过六个小时的苦战，大沽口炮台最终失守。

一群残兵败将行色匆匆地向着后方撤退，群龙无首。这群衣衫破烂颜面熏黑的败兵，没有任何表情。每逢岔路口总有人踏上另一条道，逃往自己的家乡，谁都知道这群人的最后结局：四散回家。裹挟在逃亡兵士中间的，还有一个军官模样的人，此人年近三十，身材魁梧，虽已是败兵，眉宇间仍透出一股英武气概，他是罗荣光手下的一员副将，名叫沈宗嗣。身旁有人问他："沈大人，到天津后，您打算怎么办？"

沈宗嗣长吁了一口气："不知道……先回家去看看再说吧。"沈宗嗣一脸的疲惫，忧郁的目光注视着前边这条像是永远也走不到尽头的土路。

两年后，湘西凤凰城沈家大院。

沈宗嗣斜倚在竹椅上，半眯双眼，身旁竹几上摆着几册线装医书。沈宗嗣慵懒地伸手拨动了几下书页，却无心捧起来阅读，他索性闭了眼睛哼起京剧："杨延辉坐宫院自思自叹，想起了当年事好不惨然，我好比……"

"宗嗣！"是妻子黄英端了茶杯来到沈宗嗣的跟前。黄英出身书香门第，不单会识文断字，还懂些医道，与沈宗嗣颇有共同语言。她不仅能干而且遇事能有决断，不似好多妇女一碰上麻烦事就没了主意，因而沈宗嗣才能放心地离家从军，去圆他的将军梦，家中自有黄英料理。不过，自从这次回家后沈宗嗣总觉得对不住妻子,因为他从大沽口撤离时,将随身携带的一些值钱的宝物丢了,这等于是将家中产业损失了大半,可谁叫他平时喜欢欣赏、把玩这些宝物呢。黄英极贤惠,她没有显露出丝毫责备丈夫的意思,但越是这样,沈宗嗣心里头就越觉得过意不去。所以,只要夫妻俩单独在一块的时候,沈宗嗣就有一种说不清楚的别扭的感觉,虽然这种感觉很轻微,可黄英还是有所觉察,她对丈夫尽量少提家中的经济事务,免得丈夫心烦,何况,沈宗嗣的志向从来都是在疆场上建立功勋,很少过问家事的。

这会儿,黄英把茶交到丈夫手里,说:"妈妈今天身体又不太好。"见丈夫想站起身,她又说:"我已经服侍她老人家睡下了,估计不太要紧,你就先不要过去看她啦。"

沈宗嗣略带感激地瞥了一眼妻子,她总是这样,什么事不等别人想到自己就全都安排妥当。沈宗嗣不禁回想起母亲那年为他选亲时的光景,那也是轰动凤凰城的一件大事呢。沈家大门前车轿成群,一个个穿戴华丽闪着珠光宝气的女孩子在家长的带领下,扭扭捏捏来到大厅。女孩子中有的还是"洋派"的,行为举止都学着西方贵妇的样子,耸肩闭眼地说话,字里行间还时常夹杂着洋文。而引起沈宗嗣注意的,却是一位穿一身稍稍褪色的蓝布衣裤、举止稳重大方的女孩。她就是凤凰城最早的贡生黄河清之女,名叫黄英,因在娘家排行第六,所以有人又称她六姑。就在沈宗嗣刚刚收回眼神时,他分明听见母亲对身边的人小声说:"黄家的闺女好,我要能治家的,不是要好看的。"当下沈宗嗣心里说,是天意如此吧。

见丈夫在想心事,黄英小声劝道:"宗嗣,从大沽口回来后,你就像变了个人似的,我懂你的心思,想像爸爸那样建功立业光宗耀祖,可现在,国家都不成个国家了,你一个人光急又有什么用?依我说,当初能从洋鬼子枪炮底下活着跑出来就算万幸啦,还是保重自己要紧……"

"唔,"沈宗嗣微微苦笑了一下,"六姑,我的心思你并不是全晓得的。不错,想我沈宗嗣自幼习武立志报国,可如今,我空有一身武艺却有劲使不上……自从兵败大沽口,我算看清了,朝廷为了自己连国土黎民都不顾啊!我不过一介武夫是不能怎么样,可就这么待在家里混日子,几时有个头呢?"

妻子不再说话,她知道丈夫迟早还是要离家远去的,出身将门给他的影响是根深蒂固的。她清楚,今后自己还要默默地承受许多,许多。

丈夫不再说话,他隐约感到今后的路会改变。他已经在留心联络本地各个民间武装集团,也许往后的世道会更乱,黎民百姓的安危祸福,更得倚重军人。

沈宗嗣起身,在院子里打了一套拳,收势后居然觉得心中的愁闷被驱散许多。妻子还站在那里,沈宗嗣看到妻子因怀孕略微隆起的腹部,两眼一亮:"六姑,说不定这次又生个男孩子呢,如果这小家伙是个男娃,你看着吧,我一定要调教得他比我有出息!"妻子也露出笑意:"那我就再生个小将军吧。"

1902年12月28日凌晨,沈从文出生了。幼小的生命初到人间,还未来得及睁开眼看一下这个世界,就已经被寄予家族的厚望:光耀门庭。他在毫无顾忌地大哭,四肢乱动,没有一点安分相。婴儿的哭声传遍了沈宅,却使沈家大院上上下下沉浸在一派欢乐喜庆的气氛之中。是呀,添丁呢(旧时管生男孩叫做"添丁"),在当时的社会这可算得上是件天大的喜事,谁家不盼望着人丁兴旺呢。添丁对于普通的庄户人家意味着添了一个劳动力,而对于将门则意味着又添了一员虎将。至少,这时候沈宗嗣是这么想的。

当沈宗嗣来到妻子身旁时,新生儿已被裹了个严严实实,只是他的两条小腿还在试图蹬开束缚,却使不上力气,再努力,连带着小肚子一起拱,还是不行,小家伙终于放弃了。黄英看见丈夫,无力地笑了笑,目光随即转向孩子。沈宗嗣小心翼翼地抱起婴儿,够沉的,好结实的一个男娃呀!一股怜爱之情涌上心头,然而顷刻间另一股思绪又占据了他的脑海。好小子,是块好材料,快快长大吧,将来要像你爸这样,不不,要像你爷爷那样,驰骋沙场博取功名,再让咱沈家扬眉吐气!

小家伙的身躯又开始拱动起来。

"呵呵呵。"沈宗嗣又像从前一样,爽朗地笑开了。

第二章
初遭劫难

沈从文出生之后,父亲沈宗嗣给他起名为沈岳焕。眼看着沈岳焕的哥哥沈岳霖出落得文文静静的,沈宗嗣便把再现家族辉煌的希望寄托在沈岳焕的身上,指盼着沈岳焕能秉承先辈遗风,日后能成为一名出色的将才。沈岳焕也的确给沈宗嗣带来了希望,他长得健壮结实,活泼好动,而且十分的聪明,记忆力很好,大人教他点什么,他几乎一学就会,会了还忘不了。这一下子可把沈宗嗣给高兴坏啦,捧着沈岳焕跟珍宝似的,疼爱极了。沈宗嗣喜欢他,全家上上下下就更拿小岳焕当回事,沈家的宝贝疙瘩嘛,家里人还能不把他当成心肝儿?至于男仆女佣就更不用说了,谁见到沈岳焕,都会露出喜滋滋的神情来,一口一个二少爷。在对待孩子的态度上,也许只有母亲黄英冷静一些,当母亲的对她的哪个孩子都疼爱,都会尽心尽力培养的。

沈岳焕很自然地接受了这一切,这些对他来说就和家庭对他寄予的希望一样,是与生俱来的。可惜的是,沈岳焕出生四个月后,他的祖母(沈宏富之妻)因病去世,使沈岳焕过早地失去了一个护佑他的人,不然的话,或许沈岳焕在家还要得宠得多呢。不过此事对尚在襁褓中的沈岳焕毫无影响,他依旧只知顽皮地伸胳膊动腿,想哭就哭想乐就乐,只要一哭就有人哄,只要一乐就有人逗。祖母去世,没有给沈岳焕留下任何的记忆。他所能记住的,却是不知从何时起外祖母搬到家里来,和他们一起生活的景象。这时候的沈岳焕,硬朗得跟头小牛犊子似的,每天总是跑步比走步多,并且跑起来小脚丫蹬得地面一溜响声,一听就知道这孩子长得有多么结实,浑身都带着劲啊。母亲不肯让孩子一味疯玩下去,开始教沈岳焕识字,这时沈岳焕已经长到四岁了。每天上午,母亲忙完家里的事后,便招呼沈岳焕:

"岳焕,快来学字啰。"

沈岳焕总是很乖巧地跑来,坐在妈妈旁边或是她的腿上,极为认真地把一个一个方块字记在心中,这对于他来说并不难。妈妈指着"天"字说一声"天",他便跟着说一声"天";妈妈指着"地"字说一声"地",他也说一声"地",只要记住字的模样重复几遍,这个字便记住学会了。日复一日,小小的沈岳焕竟记住了好几百个字,这成绩令全家欢喜不尽,瞧这孩子,准有出息呀!

家里能说会道的女佣喋喋不休地夸奖二少爷是"长江后浪推前浪",是"青出于蓝更胜于蓝"。她说将来武艺练得再好,至多也就是个猛张飞、黑李逵,只配给人做先锋,打头阵;可二少爷准是个能文能武、文武双全的栋梁材，就像镇守三关的杨六郎一样，那是要坐在军中大帐里指挥千军万马的！连不善言辞的男仆，也斩钉截铁地断定：将来，二少爷保准会跟老太爷一样，让朝廷封了大官，吃一辈子俸禄。

大家对年幼的沈岳焕称赞不已，自然是说到了沈宗嗣的心坎里了。尽管他在别人面前还要显得沉稳自重，嘴头还得说两句："很难说，还得再看看。"可他心里早就乐开了花，还真没把这小子看错，这孩子硬是争气得很嘛。他很赞赏沈岳焕擅长识字，认为文韬和武略，这两条是缺一不可的。即便是沈宗嗣在盲目地乐观，可此时此刻，他至少有一点考虑得是正确的：今后，对领兵打仗的人来说，文化知识愈来愈重要啰。这一点，是他在大沽口被洋枪洋炮打得惨败后得来的刻骨教训。

由于众人夸奖，母亲教儿识字的热情更高了，小岳焕学得也更加带劲儿。连外祖母也格外地添了精神，每当小岳焕识字，她老人家都要坐在一边儿，不时地递给外孙一块糖果。沈岳焕把糖连带家长们的称赞一起吃下，嘴里面甜丝丝的，心里头舒服服的，在他看来，生活和学习原来是这么的美妙。可是这样吃下的零食并不卫生，终于有一天，沈岳焕捂住肚子皱起眉头喊了声：

"疼！"

"怎么啦？哪儿疼？疼得厉害吗？"

全家人着了慌，张罗着给沈岳焕请医生。是外祖母站出来力排众议。

"不用请郎中（医生），"她抚摸着沈岳焕长着浅白色斑圈的脸蛋，"咱家岳焕害的是蛔虫病，我看吃几天老方子就会好的。"

外祖母说的老方子指的是用草药蒸鸡肝当饭吃。父母都是懂得医术的，于是沈岳焕吃上了老方子，这也是他有生以来吃的头一回苦头——每天都要皱起眉来吃鸡肝。外祖母就在一边耐心劝说，哄着沈岳焕一顿一顿地吃下去。

吃老方子给沈岳焕留下了深深的印象，但真正的灾难是在他六岁时才降临到头上的。

那年夏天，天气酷热，沈岳焕和他的两岁的弟弟突然间同时出疹子。兄弟俩日夜高烧不退，直烧得小脸蛋通红通红。那年月，医疗水平还很有限，更不要说偏远的湘西山区了。小孩出疹子很危险，是他们生命中的一大关口，不知有多少孩子没能逃过这个大劫难，丢掉了幼小的性命。

沈岳焕病得像一团泥一样，瘫软在床上动弹不得。他不晓得任何事了，连白天黑夜都分不出来，只觉得浑身忽冷忽热，痛苦得要命。一忽儿，他觉得身子沉重，沉得直往下压，像是要压入地下似的，整个身体朝下边沉，沉，使劲地沉；一忽儿，沉重感全然消失，身子轻飘飘的，好似要升入天空那般，向着高处升，升，迅速上升。不知何时，天地猛地旋转，整个世界连同自己开始缩小，缩得那样的小,他被挤压得透不过气来,随后又觉得从内心向外膨胀,直胀得硕大无边。为什么缩为什么胀,缩的是什么,胀的又是什么?他全不晓得,弄不清究竟是自己还是别的什么东西。疾病的折磨,使他只能拼尽全力去忍受熬煎,把一切都交付给命运去安排。

"岳焕,岳焕!"父母、外祖母急得手忙脚乱,不知该做些啥才好。眼见着沈岳焕和他弟弟各躺一边,生命垂危,沈宗嗣夫妇只知着急已顾不上伤心了。怎么办呐,小哥儿俩先是吃不下去饭,后来连水都很难给他们灌下去啦。眼看着孩子大口大口地喘气,憋得浑身抽搐,做父母的恨不得亲身代他们忍受。沈岳焕大一点,闹得更加厉害,只要一躺下便大声咳嗽,好似要将五脏六腑全都咳出来一般。外祖母看不下去,忙叫人把他抱起来。可出疹子的人躺着都觉得难受,被人一动,浑身从皮到肉疼痛刺痒得更是要命,马上就发出呼救般的哭号。这一来外祖母更觉心慌,一迭声地喊道:"快,快,快把他们放下嘛!"

眼瞧着沈岳焕越病越重,小脸儿都不成样子了,干燥的嘴唇泛着白皮,两眼无神,只有两扇鼻翼一张一合,全身已一丁点也动弹不了。沈宗嗣心知不妙,看来天意难违,两个儿子一个也保不住了。他竭力镇静地对妻子说:"我们,该给孩子准备一下了。"妻子无言,两行眼泪簌簌地流下来。

一切都在沉默中进行着。兄弟二人被人用竹席子卷起，卷得严严实实，如同两只包好了的春卷一般。家里人把两个席子卷筒竖在屋里的阴凉地方，让席子里的人似躺似立，不用费力地靠墙戳立着。沈岳焕被惊动了，从昏迷中微微睁开眼睛，木呆呆地看着家里人把他和弟弟用席子卷起，随即又合上双眼陷入昏沉之中。

此时，沈家已全都沉浸在悲哀的气氛里，静悄悄的没有一点声响。不知几时，两口为孩童特制的小棺材，已经陈放在屋廊下面。家里人已经放弃最后的努力，绝望地等待小哥儿俩的最后时刻。

说不清过了多长时间，沈岳焕又把眼睛睁开，透过席筒，还可以看到微弱的光线，不，那不是线状的光，而是一点一点的小小星光，是竹席使得它们分布得十分均匀。他想动一下，动弹不得，可他发现身体居然已经重新属于自己了。他试着发出声音，那声音微弱而且显得稀奇古怪。是我的声音吗？再出声试试。哦，声音不大，可是到底出得了声啦。沈岳焕渐渐清醒，觉察到旁边那个席卷也有动静，并且动静要比自己大些。

不知是谁发现了他们，高喊着老爷、太太，咚咚地跑远了。沈岳焕知道，父母马上就会来了，他没有一丝气力，可心里明白：他和弟弟总算活过来啦。

第三章
上学堂

沈岳焕跟着父亲走在一条石板路上,新布鞋的鞋底还没有被脚板踩软,踏在大石板上发出啪嗒啪嗒的声响,他听着悦耳,又故意加重步伐。"岳焕,"父亲回头,"脚步放轻点,以后你就是学生了,要懂得守规矩呀。"沈岳焕很高兴地接受了父亲的意见,想想今天初次上学,他心里很是兴奋,虽然他并不知道等待他的新生活是什么样的,可他心里就是高兴,凡是新鲜的东西,他都很乐意接受。

石板路并不很长,但两边都是高大的仓房,路被夹在中间就显得又细又长了。听父亲说,这些大房子,是凤凰城绿营兵存放粮食的地方,从石板路走到头,就是负责管理粮库的衙门,要教他读书的杨先生就在衙门里做事,学堂也设在那里。既然杨先生跟绿营兵有关系,那他也一定是个戴军帽挎军刀的武官吧,就跟自己的爷爷、父亲一样,沈岳焕这么想着,不觉间已经来到学堂跟前。

"岳焕,快来见过杨先生,叫先生!"父亲催促着。

"先生!"沈岳焕按照父亲的吩咐,朝先生作揖行礼,顺势瞧了一眼,什么武官,不过是个穿长衫戴瓜皮帽的小老头儿,后脑勺拖着根小辫子,和街上的人没什么区别。

更使岳焕感到意外的是，这先生竟是他的姨父，师母和他妈妈是姐妹，先生的女儿是他的表姐，大家全是熟人！原来姨和姨父就住在这学馆里啊。

沈岳焕用眼睛数了数课堂里的学生，一共是十六个，有的认识，有的还跟自家是亲戚，那不认识的也看了眼熟，谁让凤凰城这么小呢。咦，坐在最后边的那不是田大脑袋吗？田大脑袋朝他做了个鬼脸，沈岳焕正不知该不该和他偷偷打个招呼，就听父亲唤他："岳焕，这边来。"他被领到学馆里设立的孔子牌位跟前，跪下朝着孔夫子牌位磕了三个头，然后再转身跪下给姨父，不，是给先生磕头。这样，沈岳焕就算是正式入学了。

沈宗嗣回到家里，心情无比喜悦。他怎么能不激动呢，自打沈岳焕兄弟俩害了那场大病侥幸活下来后，沈岳焕发育明显减慢，变得又瘦又小，细小的身材上虽然顶着一个聪明的脑袋，可这至多只能使他变成一个"小猴儿精"，却长不成个"将军坯子"了。沈宗嗣为这事很是烦恼了一段时间，要知道，他曾对自己的二儿子寄予了多大的期望啊！

儿子上学了，这又唤起了沈宗嗣对他的信心和希望，孩子毕竟正式踏上了一条通往成功的路。沈宗嗣心里已经为儿子设计好了努力方向和目标，他兴奋地向妻子谈起他的"设计蓝图"："我是想，既然岳焕习不了武，那就让他习文学艺。"沈宗嗣双眼发出亮光："等他把书念完，就送他去戏班。这孩子聪明得很,一定能学出名堂的,将来就像谭鑫培谭老板那样,唱红全国,直唱到京城里去!"京戏迷沈宗嗣一想到儿子日后能成为第二个谭鑫培,心情振奋,清了下嗓子高唱起来:

"一马离了,西凉界——"

肩负着父辈的希望,沈岳焕上学读书了。读书生活对他没有什么压力,因为他理解不了父亲大人的期望,没想过为了这份厚望他该怎样地去头悬梁、锥刺股。而且,他所学的那点课程对他来说显得十分容易,无论是最初学的《包句杂志》《幼学琼林》,还是后来的《论语》《诗经》和《尚书》,对他都不成问题。他甚至用不着像同学们那样,在家背诵先生规定的文章,只要第二天在学堂里临时背上十来遍,基本都能过关,即便偶尔有过失误,先生对他的处罚也比别人轻许多。那时候,学生上学最头疼的大概就算背书了,连文章内容都不大懂得,还要一字不差地背诵出来,稍有点结巴就要受到训斥,所以学生们痛恨背书,并因此而痛恨先生,在那时是非常普遍的现象。

没有学习的压力,没有背书困难的痛苦,上学馆这件事对沈岳焕来说没多少不高兴的,倒是和田大脑袋坐同桌使沈岳焕着实地腻烦了好几天。在他的印象里,好像他们沈家和田家有点什么不和,虽然沈岳焕说不清为什么,但他也自然而然地不愿和田大脑袋接近,再加上田大脑袋欺他初来乍到,总摆出一副"学长"的劲头,更使沈岳焕感到不快。不过没过多少时候，他们的关系又渐渐地缓和，变得友好起来。说起来原因简单得出奇，田大脑袋见沈岳焕学习出色，很快便把架子放下，并对沈岳焕表示友好，他觉得有个功课好的同桌，往后需要帮忙的地方还多着呢，当然需要搞好关系。而沈岳焕每每看到田大脑袋因背不出书来，可怜巴巴地搬着自己的凳子走到先生面前趴下挨打，不由得也产生了点同情之心。

这天上课又是背书，前边几个学生背得都不好，不是挨了打就是受了训斥，轮到沈岳焕背了，沈岳焕一字不差地流畅背完，杨先生这才稍稍顺了点气："都看到了吧？都听到了吧？念书，就要像沈岳焕这样，你们都要多用功才对。"

"先生，书上讲'君子周而不比（bǐ），小人比而不周'，什么叫'周'，什么叫'比'呢？"沈岳焕突然问道。

对学生的提问，杨先生多少感到有点意外，因为私塾教育从来只注重教学生识生字、背书，而学生是不是弄懂了章句中的意思，那就不管了，高兴时先生也许会主动给你解释解释，平常是不爱回答的。千百年来的旧式教育，就是这样一代一代地承袭下来，先生就这样教，学生就这样学，人们从来没有想过是不是该换个方式教书。这会儿，杨先生自然也没有心情回答提问，把脸朝下一沉：

"读书千遍，其义自见。下去自己多读读吧。"

"可我，我背都背得下来了，还是搞不明白。就这么两句话，还得读到什么时候才能明白啊。"

"懒惰！你这是懒惰！"先生用鼻子重重地哼了一声，甩手走出课堂。

学馆里的学生，也就是沈岳焕敢这么顶撞先生，因为他学习优秀，被大家视为神童，所以凡事对他都宽三分。不过，这里头还有一层原因：师母就是沈岳焕的四姨，沈岳焕要是受了先生的冤枉，就会跑到四姨跟前哭诉委屈，回头就可以看到表姐请先生进后边屋去。沈岳焕估计先生进去后定会受到四姨的训斥，说不定还会挨一记耳光呢。

放学路上，沈岳焕挎着书篮（那里头盛放了十来本破破烂烂的书）闷闷不乐地走在石板路上。在平时，他可喜欢这条石板路呢，在学馆背完书后，先生有时会允许大家出屋到这儿玩一会儿的，这条道便成了他们的娱乐场。道两边栽有两排杨柳，五六十棵的样子，是搬开石板种上的，其间还栽些花草，到了夏天，胭脂花、指甲草、六月菊和牵牛花长得非常茂盛，还有人折六月菊喂蛐蛐，常被守仓的老兵制止。因怕库粮受潮发霉，石板路两旁的仓库底下都是空的，由许多根一米左右高的圆木顶着，而圆木柱下边是很干爽的，那些跑出来吃路旁青草的小花兔的巢穴，就在仓底巨大的础石旁。小花兔常跑到石路上、柳树下玩，学馆的学生们也常因为玩藏猫猫的游戏，而跑到仓底躲藏。只是今天沈岳焕的心情烦闷，只顾低着头，往前走，他开始厌恶这死读书本的呆板生活了：

早上——背温书、写字、读生字、背生书、点生书（由先生指定要背的文章）——散学。

吃早饭后——写大小字、读书、背全读过的温书、点生书——过午。

过午后——读生书、背生书、点生书、讲书、发字及认字——散学。

虽然姨父——先生不时在父亲面前夸奖沈岳焕学习出众，可沈岳焕却一点也不喜欢枯燥的学业，这样的学习有什么稀奇之处？不过只把该记的字记住，把让背的课文背下来，多容易！可又多枯燥！想知道的几乎没有一样可以在学堂知道：为什么刀烧红时在盐水里一淬就能变硬？金子为什么能打制成薄片，用什么方法打制的？为什么鸟有翅能飞鸡却不能？精彩纷呈的大千世界的无数奥妙，能在学堂里找到几个答案？

"呔！"有人在沈岳焕耳边突然大叫一声，把他吓了一跳，定神一看原来是田大脑袋。

"咦？你怎么在这里，没去上课？"沈岳焕问。

"学堂的课我想上就上，不想上，我就……唉，就像今天，玩他个痛快！"田大脑袋得意地笑着。

"这怎么可以呢？"

"怎么不可以，岳焕我告诉你，这其实容易得很。看在咱们是老朋友的关系上，我就教教你吧，你也别太发呆了。明天你看我的，到了学堂先生准会问：'为何昨天不来上学?'我只要说:'昨天家里请客。'就没有事了。家里来客人不上学先生从来不管的,不过也不能总说家里请客的……"

"这话当真?"

"那还用说,骗你我是个大乌龟。"

田大脑袋咧开嘴乐了,因为换牙,他的两颗门牙暂时短缺,这一来显得嘴更大更深了。沈岳焕惊奇、激动又有些心慌,不由得浑身发热了……

第四章

跪　香

"大胆的畜生!"

沈宗嗣"啪"地一拍桌案,震得桌上茶碗盖都"喀勒"一响。他发火时通常无人来劝,因为劝也没有用,反而会给他火上浇油。何况,今天沈宗嗣实在是气坏了,他不能不发脾气,他做梦也没想到自己一心寄予厚望的宝贝儿子,居然逃学!若不是岳焕的四姨父——杨先生告诉他,他甚至还不会相信呢。

堂屋墙角处,沈岳焕老老实实站着,两眼睁圆注视着父亲的一举一动。他害怕、紧张,现在没有别的念头,只希望眼前这一切赶快结束,这过程越长,所受的折磨就越重。至于以后是否能痛改前非、幡然悔悟,他可没功夫也没心情想这些,哪还顾得上啊,先顶过这一阵再说吧。这时,在他脑际浮出奇怪、零乱的思绪:先生是如何识破自己的谎言的?我真呆,早知会弄出大事情,怎么就没想到先求四姨帮我在先生跟前说说情哩!父亲一阵强似一阵的怒吼,扰得沈岳焕无法整理这些思绪,被迫给拉回可怖的活生生的现实中来。

"怎么这么糊涂!怎么这样混!规规矩矩在学馆里学

功课，学出个名流来嘛，有什么不好……"父亲右手背连连击打左手心，发出一连串的"啪啪"声响。

沈宗嗣在说他的道理，沈岳焕在想个人心事，父子二人的心灵并没有合拍。爹爹呀，你怎么这么顽固，怎么这么狠！非要逼着我去背那几本死人写的破书，从来就没想过让我去玩。此时沈岳焕说不清什么大道理，他一心向往五光十色、趣味无穷的大自然，虽然仅仅逃学在外"胡混"了几次，生机勃勃的精彩世界却已经牢牢地抓住了他的心，他怎么还想回到那灰色、阴暗、毫无生气的学馆里去？他不知他的所作所为是儿童的天性还是自己的不安分的本性在作怪，但他无比强烈地感到，自己是那样地向往着外部世界。

"你不务正业是断断不能容的，为了你，为了我，也为了咱们沈家，我要让你记住这个教训。要不然，我沈宗嗣对不起祖宗！来人啊，拿我的刀来，我要砍掉这小畜生的一根手指头！……"

什么？砍掉一根手指！这太可怕啦，沈岳焕首先想到的还不是手变残废了不能做这不能干那，而是害怕那无法忍受的疼痛，害怕那血淋淋的场面。他圆睁的双眼，终于淌出了泪水，左奔右驰的思绪不再乱跳，他要集中精力对付即将降临的灾难了。

"爹！不敢了，爹，我再不敢了！……"沈岳焕的声音还从来没有这样悲哀凄惶过。

母亲出现了，不知她是担心丈夫真会剁掉儿子的手指，还是专等丈夫心中怒气已出，才出来说话的。母亲先冲着沈岳焕狠狠地训斥责骂，然后又转身劝丈夫不要气坏身子，并劝他给儿子一个改正错误的机会。母亲的出现，使沈岳焕心里踏实了不少，他知道自己起码会逃脱被剁手指的厄运了。虽然母亲也在声色俱厉地责怪他，可在他听来这些责备是多么的舒服啊，这简直就是解救，就是在给松绑呀。当然，他清楚他的行为，确实也让母亲极为伤心。不过他并不知道，其实就算母亲不出来，父亲也不会砍下他的手指的，他还希望自己的儿子日后为家里挣来荣耀呢。

沈宗嗣余怒未消，因大声吼叫他的声音已有些沙哑，但这沙哑的声音仍旧透着不可侵犯的威严：

"岳焕，你知错吗？"

"知错。"

"能改吗？"

"能，能的，爹。"沈岳焕巴不得马上离开堂屋。

"那好，我就饶你这次，下次可是绝不轻饶的。小小年纪竟敢无法无天了，今天罚你跪香，你可要好好反省自己，仔细想想吧。"

所谓跪香，就是在罚跪时点燃一炷香，香不烧到尽头熄灭，受罚人是不被允许站起来的。跪一炷香的时间——这般处罚也够严厉的了，不过沈岳焕还是觉得万分庆幸，总算保住了一根手指。

　　堂屋里静悄悄的,隔壁自鸣钟的嗒嗒声都能听得一清二楚。沈岳焕独自跪在屋中央,案上一方铜制香插上直直地立着一支檀香,香顶端一缕细烟冉冉上升、扩散、消失。别看是一支纤细的小香,可它就像是永远燃烧不完似的,无休无止地吐着烟雾,那样沉着稳定,简直赛过平日端坐课堂闭目养神的先生,你急它不急。

　　由于是生平头一回被罚跪,沈岳焕过了不一会儿便觉得烦躁不安,两个膝盖生疼生疼。再看看案上的香头,我的天呀,怎么才烧了那么一点儿,连父亲点香时熏黑的那一小截都没有烧完,下面还长着哩,难道得在这儿跪上一辈子吗?他有些后悔不该淘气,私自逃学出外游戏耍闹。一想起游戏耍闹,沈岳焕马上忘却了现实中的痛苦和烦恼,那是一个多么令人神往的自由天地哟,凤凰城内的社会和城外的自然,不正是一本读也读不完的大书吗?他眼前不停地幻化出一幕一幕有趣的见闻:

　　一块逃离学馆的表哥,带着沈岳焕到他家的橘柚园中去玩耍,那是一个绿色的天地,绿树下他们翻筋斗、打滚、捉迷藏,可远比在学堂外石板路上玩得痛快。而城外的山上,更是天高地阔。在山上,在水边,都有成堆的"野孩子",大家裹在一起乱跑乱闹多么开心。沈岳焕甚至后悔,怎么在学馆读了半年死人书,才想起外边的世界。他尤其爱到水边去,流动的清波常引起沈岳焕无尽的遐想，有时他就一个人注视着水面，无形中培养起了对美的认识和思考的习惯。水边的空气，闻上去都叫人心清意爽。

不觉间，案上的香炷已经烧掉一大截了，长长的白色香灰变得弯曲，终于支撑不住，自己无声地跌落下去。沈岳焕试着动动身躯，发现双腿跪得有些麻木，他原以为那些逃学的人被发现后，屁股上让先生打二十板子倒是很合算的，没想到事情轮到自己，却要跪香，比起同学来要吃亏不少呢。说假话、逃学也不是那么舒服的。沈岳焕回想起第一次逃学，在外头看了一天的木偶戏，按照平常放学的时间跑回家，因为稍稍晚了一点，脸便红了，到底心虚呀。吃饭时他还惦记着第二天见了先生，该怎样编借口瞒过去，不由少吃了一碗饭，没想到这一细节让姑妈发现了，她还以为沈岳焕在学馆里挨了罚，无限怜爱地劝他："明天到四姨处去告诉四姨，让姨爹对你松点。"姑妈的疼爱使得沈岳焕从良心上过意不去，因此他竟一反常态，老早就躺倒睡觉了。

他又想起了另一个叫花灿的同学，这家伙比沈岳焕大五岁，一肚子的鬼主意。但花灿有他的主张，叫作"早起晚归"，就是早出门，赶在上课之前玩一场，晚归则是放学早的话不要急于回家，玩到了钟点再回去，还免得落个逃学的嫌疑。大家都挺信服花灿。

还是花灿想得周到，玩得稳嘛。沈岳焕摆动了一下发酸的腰板，又想起跟着花灿"早起晚归"时的情景。

　　天刚刚亮，他们几个便汇集到街上，大家先到卖猪血豆腐的小食摊上去吃一碗热气腾腾的猪血豆腐，驱散清晨带给体内的寒气，然后再到杀牛场上看杀牛。湘西的孩子从小就受大人影响，好斗，不怕流血，如果哪家的细伢子（男孩）连屠宰场都不敢去，那是要受人耻笑的。所以他们从不把流血的场面和牲畜临死前的号叫、挣扎放在心上，只当作是一种事情看看罢了。如果赶在逮蛐蛐的季节，大家便去塘湾捉大青头蟋蟀；好蛐蛐单在天亮时才叫，孩子们每次都要满载而归的。有时他们还去道尹衙门看士兵操练，看得带劲了，他们也练开了，就用营中的器械走荡木，盘杠子，或是一人背一人玩"骑马打仗"，折腾得人仰马翻才肯罢休。

　　放学早自然就给了大家"晚归"的娱乐时间。去校场看人练武，用真刀真枪砍来杀去的情形，可比看戏更加动人。去铁匠铺看打铁，赤膊铁匠舞动着十多斤重的锤子敲打砧上的铁，铁是刚出炉的，一挨锤子击打，飞花四散，比过年放的烟花还要好看。有时他们还去城隍庙看人斗鹌鹑，失败的鸟主人照例要把鸟儿放飞，鹌鹑一展翅，扑棱棱飞向天空，众人连忙仰头去看，可沈岳焕偏偏喜欢看斗败的鸟主人的表情。

　　沈岳焕到底是个孩子，觉得肚子有点饿，又想起凤凰城道门口那个地方，简直是叫人待上一辈子都不嫌够的去处。橘子、梨、柚子,这些水果就先不说了,人一饿了保准要想起那位"牛肉张"的,他把牛肉炖得又香又烂,再蘸上盐水辣子,叫你连同米粉一起吃下,好吃得很呀。碗儿糕、糯米灌肠、猪血绞条、牛肉巴子……沈岳焕只拣爱吃的一路想下去,猛地抬头,咦,香已经烧完了。

第五章

聪明野孩

"噢——嘀嘀嘀——"

山坡上，树林旁，隐现着一拨拨不肯安心读书逃出学堂的孩子，他们仨一群五一伙地闲逛。真是一群无人管束的小野马，没有目的，想上哪儿去便上哪儿，想起什么来便玩什么。没有什么他们没玩过：放风筝、采花、游泳、钓鱼、捉蛐蛐，如果实在没事可做，还能到山上的大树下或庙门旁美美地大睡一觉，只要别睡过了头耽误回家就行。这些个甩脱了缰绳的小野马出没在山林之口、河水之滨，有时远远看到另一拨人，不免兴奋得高声呼叫。而对方或是隔着河水或是隔着山谷，也都尽力以高声回应，呼叫声此起彼伏，惊得林间的动物忙不迭地逃窜躲避。那野兔子们逃跑起来，远远看上去特别有趣，它们一跑屁股便向上一撅，短尾下面的白毛便一闪现，跑快了，只见一个个小白点一闪一闪，活灵活现的。其实，这也是野兔逃命时召唤同类的手段：遇有险情，小兔子们只要认准前边一闪一闪的白点点，就不至于和母兔失散。

沈岳焕只要一看见野兔逃窜，便顾不得喊叫了，他很喜欢看野兔狂奔时的情景。现在的沈岳焕，已经是个逃学的老手了，私塾学馆那点死巴巴的过时学问他根本不感兴趣，也不够他学的。他感到自己要学的东西实在是太多啦，只禁锢在学馆根本无法满足他的学习要求。这时如果有人像新式学校那样教他数学、天文、地理，或许他会饶有兴味地认真读书，可沈岳焕没有这个条件。在私塾，整日里耳朵听的眼睛看的全是"孔子曰""孟子曰"，还有就是板着面孔的先生要他们死记硬背古书上没完没了的章节。这一切怎比得大自然那活生生的课堂：天地万物是他的玩具，是他的伙伴，是他的老师，是他的朋友。现在的沈岳焕早已经不怕跪香了，只要他展开想象的翅膀，去回想各种动人的事物，眼前就会出现河中的鳜鱼被钓离水面时扑扑棱棱的情形，出现天上飞满风筝的情形，还有那空山幽谷中鸣叫的黄鹂，枝头压满果实的树木……一炷香会在他充满趣味的遥想中很快烧完，跪香简直成了沈岳焕练习想象力的机会了。沈岳焕这孩子，按家里人的话说，是已经"野"啦。

"野孩子"并不是没有是非观念，或许，这群人对是与非的要求更高。至少沈岳焕是这样的，要不然他也不会和"鬼精灵"花灿分手。

那天，沈岳焕和花灿一道去看宰杀鳝鱼。破鳝鱼的名叫岩保，在沈家做过事，所以对沈岳焕这群孩子的态度十分和蔼，由着他们尽情参观。沈岳焕最欣赏岩保抓黄鳝那一刹那的动作，是那么灵便，只要手往盆里一伸，立刻就能抓出一条滑腻腻的鳝鱼来,从来不再伸第二次的。岩保擒起黄鳝后,顺势在盆边用力一磕(就是打昏),黄鳝立刻不再挣扎,规规矩矩地听凭摆布了。岩保接着把鳝鱼的头固定在一个木板上的钉子上头,用刀剖开鳝鱼的肚子,然后剔去骨头,再将鳝鱼切成一寸来长的小段放入碗内,一套动作下来如行云流水般顺畅,让人百看不厌。

"你瞧,你瞧,这东西还会动呢。"花灿很惊奇地发现黄鳝的尾巴给割下来以后还能动弹,一弯一曲地摆着,他大声呼叫起来。随后,花灿拿起一只小尾巴来,沈岳焕觉得这很脏,朝后退一步。花灿感到不过瘾,就又拿了鳝鱼尾朝旁边一个小孩的嘴巴递过去。

"花灿,你这样欺负人可不好。"沈岳焕劝道。

花灿不听,继续他的举动,那小孩子用手遮挡,结果手上沾了鳝鱼血,小孩一着急骂出了声。

"骂?再骂就叫你真吃点血!"

那小孩不再反抗,嘴里嘟哝着"别人又没惹你",显然他甘拜下风了。花灿自以为大获全胜,得意地走开,沈岳焕忙追上他:"你干吗要欺负他?"

"沈岳焕你莫管,我不过让他尝尝味道,他敢骂我!不是因为他小我早就给他一个耳光了!"花灿笑嘻嘻地朝前走,仿佛世上的一切他都不放在眼里。

沈岳焕站住了,很厌恶地盯着花灿的背影,从心底里瞧不起这个欺凌弱小的家伙。他这一站,从此便和花灿分了手，再不往来。

不过沈岳焕也绝不是胆小怕事的人，胆小的人是不敢随便跑出去闲逛的，因为在外边少不了要和别人发生冲突，打架总是免不了的。有时，你不理别人，还会有人突然从侧面朝你身上猛力撞上一下，把你摔倒在地呢。湘西的孩子就是这样，从小看惯了成年人的打斗，谁也不怕惹事，比如在大街上，两个大人展开生死搏斗，小孩们会围在旁边瞧热闹的。这里的家长也不像其他地方的大人会连忙拖着自己的小孩回家，至多喊一声："小杂种，站远点！"然后继续做自己的事。在这般乡风中长大的孩子，自然而然地也喜欢打架斗殴了。沈岳焕虽瘦小，但打起架来很少吃亏，这就得力于他肩膀上那颗聪明脑袋瓜了。他永远也忘不了第一次和别人打架的情形，当然那也是在逃学时发生的事，那天他跑到一个小山坡上，正琢磨着该干点什么，突然从岩石后闪出三个人来。

"呔！大胆蟊贼，竟敢闯入山寨！"

沈岳焕定睛一瞧，原来是三个小男孩，个头有高有矮，全都那么土头土脑的。

"你们是什么人？"沈岳焕壮着胆子问道。

"嘿，怎么不知道我们张氏三兄弟！废话少说，有胆量就来较量一场，要不然就夹着尾巴滚回去，以后永远不许到这儿来。你要敢来，爷爷们看见一次打你一次，看见百次，打你百次！"

沈岳焕顾不得听他们在学说书人的口吻，心里头紧张地盘算起来。首先，他心中有底，湘西人打架向来讲究单挑独斗，几个欺负一个人打胜了也不算本事，因为这是无法向别人炫耀的。那么挑哪一个打呢？那个高的显然力大，打不过的，打个小的又有失面子。他决定选那个身高和自己差不多的干架。双方很快达成协议，选了块地当战场，张老大、张老三站立一边，只观战不动手。

张老二把小布衫一脱，露出黑黝黝的臂膀，一看便知是个游泳老手。望着张老二结实的身板，沈岳焕深知没有必胜的把握，可这时也只好上阵了。两个人初次交手都比较谨慎，谁也不敢过早深入，不过是把平日学的几招花架子空比画比画，其实哪一个也没有用上，他们也不会使用，这几手花招所能起到的作用，至多也就是吓唬吓唬对方罢了：你瞧，我会武！

"哇——！"张老二也许是有点不耐烦了，突然猛扑上来，与沈岳焕相互搂抱在一起，他们都拼命紧勒对方的后腰，只要勒到一定程度，对手上下两头就会向后弯倾，到头来被压倒在地。化解这个动作，只要事先把后腰弓起就行，不过这样一来也就够不着对方的后腰了。总之，现在沈岳焕处于下风，一来张老二是突然袭击，抢先搂住了沈岳焕，二来张老二力气要比沈岳焕大一些。沈岳焕只觉得身体两头在朝后弯曲，而自己的双手在对方的腰上越来越使不上劲儿了。

情况异常不妙，沈岳焕只有招架之功，再无还手之力，张老大、张老三在旁边呐喊助威，张老二越发勇猛。沈岳焕深深懊悔，平日怎么没留心跟爹爹学几招武艺呢！爹爹！想到这儿他心内一动，忆及平素父亲练武，总要把脚尖高高勾起，有时还做个盘绕动作。当然这一切都是在短短一瞬间想到的，现在他也顾不上多盘算，形势逼得他只好做最后的一搏啦。他拼力站稳脚跟，使劲伸出一只脚，尽量地去够张老二身后，真是奇了，也不知是碰着了张老二的脚跟还是小腿，反正他还没用多少力气，张老二一下子就失去了平衡，被他毫不费力地压在身下。

张老大、张老三被这突如其来的转变惊得目瞪口呆，怎么好端端的战局一下子就溃败得不可收拾了呢？张老二从地上爬起来，边掸身上的土边念叨"下次再见"。

输了就是输了，必须承认事实，湘西的孩子在这一点上毫不含糊。张老大冲着沈岳焕一抱拳："这次你赢了，咱们后会有期。"说完他带着两个弟弟离开这座山坡，履行了打架前的诺言，把这块领土拱手让出。不过此刻沈岳焕也没有从那场突变中清醒过来，连他自己也不敢相信在那样的劣势下，居然略使了一下勾脚，就转败为胜了。他既不高兴也不沮丧，甚至连张老大的话他也没有听清，脑子里一团混乱。一整天他都对着山下的河水发呆，极力想整理出个头绪来，茫然中他仿佛领悟到点什么：凡事总有它的一个规律，只要掌握住这个规律，事情就好办了，甚至以弱胜强也不是什么难事了。

后来，沈岳焕像这样的架又打过几次，在凤凰这个不大的地方，他也开始有了些小名气，渐渐地和"各路英雄豪杰"都有了点小小的交情。那张氏三兄弟也早成了他的好朋友。就是不认识沈岳焕的"绿林好汉"，对沈岳焕也要多少客气一点，彼此不找麻烦，大家相安无事。

对于自己的聪明伶俐，沈岳焕也感到很满意，凭了这份机灵，自己在"战斗"中胜多败少，不知比别人少吃了多少苦头。他越来越觉得，使用头脑比使用四肢好得多，否则凭他的个头、力气，是无法在凤凰城这块强手如林的地界上，占领一席之地的。不过，聪明也有反被聪明误的时候，有一次逃学被先生痛打一顿，就是因为耍了小聪明。不然又怎么会被打得那样痛？

却说那日，先生怒气冲冲地冲着学生们说：

"太不成样子了，昨天有好几个学生私离课堂，这样下去可怎么得了！我又怎么能对得起你们的父母！今天，一定要严加惩戒，绝不宽容！昨天哪几个逃学的，都给我站到这一边来！"

几个让家长扭送学堂的，自知隐瞒不过去，只得低了头乖乖站了过去。

"还有还有，怎么没人肯站出来呀？"先生更加凶狠地对站过去的人说，"你们帮我想想，昨天还有谁没来？"于是就有人揭发了沈岳焕："沈岳焕也没来。"沈岳焕最瞧不起出卖人的人,用眼睛瞪了一下那个学生,那人露出狡猾的一笑。沈岳焕虽然恨他,但自知拿他也没有办法,因为沈岳焕天生不晓得怎样去整治一个人,这也许是聪明脑袋里的一个弱点。那回花灿欺负小孩子,他也曾暗下誓言要为那小孩报仇,可到头来也想不出该怎么对付花灿,最后也只有与花灿分手这一个办法。

"沈岳焕,为什么不来上学?"先生问。

"我家有事。"沈岳焕说完就已经觉察到,自己的脸色正在证明是撒谎,他记起父亲说过扯谎比逃学更不好,便身不由己地走了过去,站在逃学者的行列中。"这才算痛快。"先生说。

惩罚开始,受罚的人挨个搬了自己的板凳过来,先向孔夫子像磕头认错,再趴在凳子上让先生打板子。排队时沈岳焕又开始打起主意了,他总有他的办法。待轮到他头上,板子刚落下,沈岳焕就大喊:

"四姨呀!师母呀!打死人了!救救我!打死我了!"

救驾的同学原来已在门背后等着,一听喊声就跳了出来,抢走了先生手中的板子。沈岳焕趴着看不见身后的情形,还在大喊救命,惹得大家全笑了。先生这下真火了,顺手抄起一根有棱角的木棍,照着沈岳焕痛打起来。木棍比薄竹板子打人更狠,只打得沈岳焕像杀猪一样挣扎狂号,这一次他是真疼了。本来想免打,结果倒挨了更凶狠的打,沈岳焕直后悔不该耍小聪明,世上的事是难以料定呀。

第六章
良心上的折磨

对于一个八九岁的孩子来说,仅仅因为他逃学就断定他不是个好孩子,那肯定是不很对的。而一个在旧教育制度下读死书的孩子渴望健全、活泼的生活,渴求玩的权利,就更没什么可以指责的地方。小小的沈岳焕逃离学堂,完全是受了天然欲望的驱使,他要玩,要通过玩来了解世界、了解生活,这种愿望用罚跪、打板子是消除不了的,因为学堂里除了几本古旧的"圣贤书"以外,不能为他提供任何活的知识。谁能为他解释自然之谜?没有任何人,他只能依靠自己去了解世界。他的心向往着学馆外充满生机、充满知识的大自然、大世界。夜间,他做了无数稀奇古怪的梦,经常梦见向天空飞去,一直飞到一片灿烂的金光中,大叫着从梦中醒来。求知欲使沈岳焕无法安安稳稳坐在学馆里背那些没用的古书。

在码头上,沈岳焕结识了吴家两兄弟,吴少义、吴肖义。他们比沈岳焕大几岁,沈岳焕很佩服他们懂的事情多,所以很喜欢和吴氏兄弟在一块儿玩耍。

他们常常一起到斗鸡场看斗鸡,实际上是吴家兄弟去看,沈岳焕因为年小力弱,挤不进密密重重的人群。但他很乐意观看斗鸡者们的神情,从人们大喊大叫的样子里,他也可以猜出斗鸡场里面的情形。

沈岳焕还爱到鸡场附近逛,斗鸡的地方挤不进去,其他地方倒可以由他任意观看。这里陈放着各式各样的鸡笼,都是用竹子编的。有些笼用黑布盖着,笼里关的鸡都是准备上战场厮杀的"角斗士"。那些斗败的鸡,满头是血地缩在笼中一动也不动,眼睛半眯,大概是在打盹儿。而有的鸡蓄足了力量,忍耐不住长时间等待的寂寞,便放开喉咙叫起来,一副请战的样子。沈岳焕看着这些形形色色的鸡,觉得它们表情各不相同,简直就和世上的人一样。

不看斗鸡了,他们还会到卖小鸡的地方转着玩。三个人这边蹲蹲,那边瞧瞧,都觉得很好玩。卖鸡的都是些小孩或妇女,可都很有做生意的经验,见三人光瞧不买,就拿话挑逗:

"这么喜欢,买回家慢慢看嘛。"一个说。

"买回家去?他们哪里有钱哟。"另一个装作反驳。

"噢——"这一个装作明白了的样子,嘻嘻一笑。

吴少义生气了:"可恶的东西,以为我们买不起。"

吴肖义说:"那我们就非买不可!"

沈岳焕一听十分高兴,那都是些多么可爱的小东西呀!都和拳头般大小,浑身毛茸茸的活像一个个小圆绒球,它们在笼子里啾啾叫个不停,可一到了人手掌上就再也不叫了,过一会儿还想合上眼睡,你不放开,它们恨不得一辈子都不肯离开你。

吴家兄弟出钱,花了十四个铜板买下五只小鸡。因为是整群地买,所以连笼子也买下来了。他们兴高采烈地朝家走,一路上还忘不了出新花样。三个人找来一根细棍子,作为抬杠,穿过鸡笼顶上的小藤圈,然后选出两人来抬笼子,空着手的就在前边开路。大家说笑着,装作唐僧取经的样子边走边闹,一会儿过了"黄风洞",一会儿又过了"流沙河"。就这样终于来到了"西天",大家分手各自回家。

吴家兄弟留下四只小鸡,每人两只,然后分给沈岳焕一只。这是只大嘴巴的黑色鸡,是吴少义特地为沈岳焕挑选的雄鸡。他说:"你拿去吧,喂养段时间,它就可以参加斗鸡了。"沈岳焕小心翼翼地把鸡捧在手心。

沈岳焕捧着小鸡往家走,畅想着小黑鸡长大后的美梦,那时候它一定是最最厉害的,能斗败所有的对手,叫那些鸡的主人们(当然都是些大人)垂头丧气,他们一定会羡慕死我的大黑鸡的。手中的小鸡失去了伙伴,感到孤零零的,吱吱唧唧叫个不停,可沈岳焕一点儿也不觉得它讨厌。相反,小鸡的叫声引起街上小孩对他的注意,这倒使沈岳焕感到洋洋得意,心里好舒服。

到了家门口,他犯了难。

万一,万一今天四姨来,或是表姐来玩,那么逃学的事就暴露了。小鸡不懂人的心思，哪管人有多焦急，只是自顾自地乱叫。把鸡扔了？沈岳焕想，不，绝对不能。可是不扔，拿着鸡进家，有人问小鸡是哪儿来的，该怎么回答呢？就说是吴家兄弟送的？但要是再盘问下去，大概也还是要露出马脚。

沈岳焕真盼着这会儿能有个熟人来家做客，这样就可以同他一道进门，家里有了客人一定会照顾面子，就是发现了他的行为也只会轻轻责备一下就算了。而且，沈岳焕更希望家中正在专心款待客人而无心注意他。不过盼望归盼望，哪能这么巧就来了客人呢。沈岳焕在家门附近徘徊许久，终于失望了。忽然，他想到总在街上待着不但等不到救星，再要是被放学的同学看到，保不准明天会告诉先生，那可就更麻烦了。

这家是不回也得回了，沈岳焕硬着头皮跨进大门，又推开二门。为了探消息，他先把小鸡从门缝塞进去，小鸡大叫着朝院中跑去。不好，他想，他如果再不进门，小鸡定会被家里的大鸡欺负，他赶紧进了二门，把书篮扔到一旁，去追小鸡。这时候，姐姐在屋内听见院里有小鸡在叫，便出门来瞧，正看见沈岳焕在捉小鸡。

"哪得来的这只小鸡？"

"人家给的。"

"真好。你看，它在想妈妈了吧？"

"可不是吗，叫了半天了啊。"

姐弟二人一同蹲在院中石地上欣赏小鸡，小鸡看上去的确显得挺可怜的，姐姐站起来去为小鸡准备睡觉的东西去了。沈岳焕轻吐一口气，第一关已经过去，只差再见过母亲，这事就算混过去了。因为父亲是不理会家里的鸡的，以后就可以安心喂养小鸡了。

见过母亲后，沈岳焕更加放心，母亲并没有注意他的行动，连问也没多问什么。看起来这次逃学又可以瞒过大人了。沈岳焕十分欢喜，今天过得太有意思了，还得到了一只小鸡。哦，多么可爱的小鸡哟，它没完没了地哼哼唧唧，那副受气的样子真让人觉得可怜。一想到小鸡失去了母亲，离开了伙伴，沈岳焕对它更加怜爱，直到该睡觉的时候了，还是舍不得把鸡放到姐姐准备的纸盒子里，他觉得小鸡除了在自己的手心里，到哪儿都要受罪。

前院传出一阵轻微响动，这是父亲回家了，沈岳焕并不在意。不料，姑姑和奶娘过来说父亲叫他过去。沈岳焕知道不妙了，凡是父亲一回家就叫他，准没好事，看来逃学的事还是被父亲知道了。

沈岳焕磨磨蹭蹭朝南边院子的书房走去。自从他开始逃学以后，父亲很是失望，久而久之，开始对他失去信心，不再把沈岳焕当作将来光宗耀祖的人看待了。随后，全家上上下下的人，也对他冷淡了许多，不再将他看成宝贝蛋儿似的围在中心。从沈宗嗣起，全家人又对沈岳焕的弟弟寄予厚望，虽说这个孩子和沈岳焕一块儿闹过大病，但病愈后，他被托付给一个苗族妇女喂养，反而长得十分壮实。

不过沈岳焕对这些变化并不在意，他根本就没有打算去光什么宗耀什么祖。他只关心自己所感兴趣的，只害怕父亲、先生给他惩罚。

"跪倒！"父亲说了这一声后，又讲了点什么，可沈岳焕跪在地上心里一个劲儿地害怕，并没听清楚。父亲转身坐下，只顾抽他的水烟袋。沈岳焕知道这时父亲正在生他的气，也明白自己的过错，甚至他还能猜出，此刻姐姐、姑姑、奶娘她们正待在窗外悄悄听屋里的动静，一旦事情闹大，她们会奋不顾身地冲进来求情，天底下除了母亲，也就这几个人真的疼他了。沈岳焕想开口认错，早点结束这不愉快的场面，可现在父亲不说话，他也不能张嘴。

沉默，寂静，这是很难熬的时刻；有嘴，不能说，这是很令人憋闷的事情。沈岳焕瞧父亲久不出声，不由又悔恨又委屈，竟呜呜地哭了起来。沈宗嗣见他哭了一阵，方才露出点笑容，露出并不很常见的慈祥说：

"知道自己过错了么？"

"知道了。"沈岳焕收住了哭，但仍在抽泣。

"这么小就学会逃学！逃学不碍事，你不想念书，将来长大去当兵也成，但怎能学会说谎？"

啊，没想到父亲对自己竟这么宽容，这么和气，在严肃的气氛中让人想去拥抱他。沈岳焕仿佛重新认识到了他的父亲，完全地认识了。多么好的父亲啊，他说逃学都算不上什么大罪，只是撒谎是最最要不得的，沈岳焕深深悔恨他自己的行为，更恨自己刚才还准备了一肚子谎言。这下一肚子的巧辩全没了用处，他只感到对不起他的父亲，良心上实在过不去，鼻子一酸，又哭了起来，这回哭得比刚才更加伤心。

"不准哭了，明白自己不对就去睡吧！"沈宗嗣说。

这时候，窗外的人才纷纷开口说话。

"别哭啦，还不快给你爹磕头认错。"

"快回去睡吧，以后改正就是啦！"

沈岳焕认错后还在抽泣不止，在回屋的路上，他不得不考虑：今后能够改正吗？能不再逃离那个叫人憋得透不过气的学馆吗？如果不能，想想父亲，今后自己将会一次又一次地受到良心上的折磨。

"噢，也许打我一顿会使我更好受一点。"他想道。

第七章
美丽的凤凰

凤凰城很小,却是一个五彩缤纷的世界,沈岳焕幼年的生活乐趣,多是从这个世界中获得的。在他的眼睛里,凤凰城的大街小巷,一点一滴,全都具有令人终生难忘的风韵,这风韵到底是什么?是浓厚的乡土气息。

每当他走过凤凰城的街巷,他都要仔细地观看两旁的店铺和店铺内外的人们,这些,全都是永远也看不厌烦的景象,越看就越感亲切。沿街排列的商号、作坊,无不在沈岳焕脑海里留下了鲜明印象。

针铺、伞铺、皮靴店、剃头铺、金银铺、冥器铺,这些地方都是沈岳焕熟悉得不能再熟悉的地方。他甚至闭上眼睛都能一家挨一家、一店挨一店忆起它们的情形。那针铺的门前,天天都有一个老人戴着大大的眼镜,专心致志地在那里磨针;伞铺的门总是敞开着,十几个学徒在一起忙忙碌碌地制伞,一片繁忙,五颜六色的伞挂满房梁,多么好看;还有那皮靴店里的胖皮匠,天热时露着他的又大又黑的肚皮做鞋子,肚皮上的一撮黑毛特别引人注目;剃头铺内,总有人托着木盘子,一动不动地让理发师傅给他刮胡子。

每次经过染布作坊，沈岳焕都要仔细瞧一瞧在那儿干活的苗族人，他们身强力壮，用手扶着墙上的横木，高高地站在月牙般的凹形石碾上头，两脚一左一右地摇荡，尽力使石碾把布碾匀，碾平。这也是很危险的工作。

每次经过那三家豆腐坊，沈岳焕总要驻足观看做豆腐的那些苗族妇女。她们头上高扎花帕，身穿镶着五彩花边的围裙，白白的牙齿，健美的腰肢；她们用闪光的铜勺舀取清香的豆浆，还不时轻轻地唱起歌，引逗绑在身后的小宝宝。

每次经过扎冥器、出租花轿的铺子，沈岳焕也总要停下看上一眼铺子里常摆着纸制的白面无常鬼、蓝面阎罗王、鱼龙轿子、金童玉女，看看有多少冥器，样式有没有变。而从那些花轿上他又能看出这一天有多少人接亲。他常久久地站在那里看人们工作，贴金纸、涂颜色。

过了县衙门是一个卖面条的小馆。早上，头包青色帕子的大师傅骑在一根木杠上碾面皮，他全身沾满了面粉。碾好了面皮，大师傅又操一把又大又宽的刀子飞快地切面，动作特别利索，于是面条就制了出来。再往下走，还有许多有趣的东西可看，什么打铁的，编席的，宰牛的……形形色色、五花八门，完全是一幅民间生活图画，一本民间生活的百科全书，从这部比学堂大得多的书本里，沈岳焕认识了世界、了解了劳动人民，为长大后的创作积累了丰富的生活素材。当然，现在的沈岳焕还小，他并不知道他逛街、游玩、观察社会还有那么多的意义,他甚至不懂得,这也是热爱生活的一种方式。不,他现在什么都不太清楚,他只晓得这些都是特别有趣的,能让他开心、增长见识、健壮身体、锻炼胆量。这些都是在各种游玩中自然而然地做到的。

沈岳焕爱凤凰小城,爱她的街景、石板路,爱城里的清泉。小城有一半坐落在起伏的山坡上,泉水从山石缝中渗透出来,人们在石壁上凿出一眼眼壁炉似的水池,用竹子做成的长把勺从池中舀水。年复一年,泉水池四周长满了绿莹莹的小草,映透水底。他更看不够从家家户户的白色围墙中伸出枝头的花果树,它们一年四季变化无穷,把小城人家装点得秀美清雅,让人看了回味不尽。

走出凤凰城,最先映入眼帘的,便是沱江水了。平日里,江水悠缓地流淌,日夜不休,总是那样地温和。只有在涨水或山洪来临时,江水才奔腾、咆哮起来,好似有千军万马列阵经过,以一种势不可当的气魄,向远方泻去,胆小的人都不敢靠近江岸。沈岳焕常和一些孩子到江边玩耍,看到谁家的柴船上确实没人,他们就急匆匆地跳上去,飞快地把船划向河心,纯粹在搞恶作剧。

通常,过一会儿船主人就会回到江岸,在岸上和气地向他们央求:"兄弟,兄弟,把船划回来,我得回家。"孩子们把这样的船主认作是讲道理的人,自然是规规矩矩地把船划回岸边,跳上岸去把船交给人家。也有性情火爆的船主，见自己的船被小孩划走，大声叫骂威胁，骂出好多粗野的话。沈岳焕他们的脾气偏也倔强，你越骂我越不听你的，不但不把船划回来，他们还一边还嘴，一边把船快速地向下游划去。到了下游，他们把船搁在河滩上不管了，相互欢笑着跑开。

也有被船主人追上来的时候，他们还来不及上岸，船主便跳上船头，故意用身体左右连续摇晃，让小船在水面颠簸。没经验的小孩，多半会给吓得大哭不止。而有经验的孩子这会儿稳坐船中，既不求饶也不还嘴，任船主把船颠得多厉害，就是不吭一声。他们知道船儿是翻不了的，船主怎么会把自己的船儿弄翻？至多衣服让水溅湿罢了。就这么坚持一会儿，船主见孩子果真胆大，也自知拿他们没有办法，也就不再晃船，假装刚才不过是开开玩笑的样子，露出抱歉的微笑说："少爷，够了，请上岸吧。"于是沈岳焕他们这才离船，一副打了胜仗般的昂然气概。

沈岳焕他们有时也到上游去钓鱼，水中有肥美鲜嫩的鳜鱼、鲫鱼，还有小鲇鱼。对岸有一片苗族人开的菜园，不涨水时，可以从水中一块块称作"跳石"的大石头上走过河去。岸边的滩头，各处晒满了白布和青菜，妇女们在那里洗衣，用木杵捶打流水中的衣物，捣衣声传到城墙脚下，城墙忠实地发出回声，与岸边捣衣声一来一往响个不停。

沈岳焕不光在水边玩耍打闹，他也喜欢在岸边独自徘徊，江水常使他纷乱的头脑清醒起来。在水边，他能体会到一份独特的意境，使他学会思考，学会欣赏大自然的无边美景。清晨时分，他注视着江水上的阵阵烟雾，只觉得是那样美好，那样地富于变幻，他甚至觉得江水是热的，热水才能升起无休的蒸气，如果不是神灵，谁能煮热这满江的流水？水上有了雾气，愈发显得宁静，一阵风儿会把这雾气稍稍吹散开，不一会儿，雾气又贴着水面重新把江水遮掩，好像敷上层薄纱。只有走近水边，才能听见哗啦哗啦有节奏的水声，是轻波冲刷岸边的石子声，而这声音不仅不让人觉得烦乱，反倒使江水显得更为幽静清远。

阳光，终于驱散了水面的烟雾，蓝蓝的江水露出本来的面目，依旧无声地向前流去，世上怎么会有永远也流不完的水呢？沈岳焕真想逆流而上，走到江水的尽头，看看那里究竟是个什么样子。这时来往的船只又吸引了沈岳焕的注意力，划船的人有时会唱起悠扬的歌，声音传得老远老远，惊起几只不知名的小水鸟。小鸟们发出清脆的叫声，扇动花纹美丽的翅膀，扑棱棱地飞走了。

黄昏时分，整个江面立刻闪烁起无数的金光，仿佛那河床里流动的不是清水，而是被熔化的金汁。江岸的城楼房舍树木，无不变得异常地清晰起来，沈岳焕只觉得这些平时见惯了的东西，忽然变得新奇了。顺着水势，他遥望远山，他知道那山上有碉堡，有士兵，其中一个是他的表兄。碉堡的那边，便是苗族人居住的地方了。夕阳，把金色洒满群山,沈岳焕仿佛听到,山上小小城堡传出的鼓角声,呜——呜——呜——千山万岭,在鼓角声中显得无比雄壮、威严。

太阳,迫近西山;晚霞,布满天空。山峦、江水、古城,在万道霞光的照耀下,通红通红。天地万物好像一下子把积蓄的所有能量全都释放了出来,天在燃烧,地在燃烧,整个世界都在燃烧。沈岳焕只觉得自己身体在燃烧,心在燃烧,生命在燃烧。他像是醉了,痴了,想喊喊不出声,想哭哭不出泪。他什么都不知道了,只觉得自己与万物融合在了一起:"哦!我的凤凰!"

第八章

革 命

沈岳焕在长宁哨守碉堡的表哥来了。

表哥体格健壮、动作灵敏,是一个出色的士兵。他长着一副紫色的脸膛,总让沈岳焕想起说书人讲的三国故事里的关羽。关羽"面如重枣",大概就是这副脸膛吧?表哥在苗乡很有威信,只要一声呼唤,必能招来许多乡人,听从他的指挥。

每次表哥来到凤凰城,都要给沈岳焕带一只小斗鸡或者别的什么小玩意。他还知道许多苗族人的故事,讲得让沈岳焕听了入迷。沈岳焕四岁时,曾被表哥带到乡下,增长了许多见识。这一回表哥从乡下来了,沈岳焕哪能不高兴。他扯了表哥的手不住地打听他在乡下见过的、熟悉的东西,一会儿问问水车怎么样啦,一会儿又问那些碾房还是老样子吗?可令他奇怪的是,这一回表哥一脸的心事,对沈岳焕只是"嗯""啊"地应付,看来并不打算和他聊天讲话,更没有和表弟亲热一下的意思。

到了沈家大院,表哥只知道跟沈宗嗣商量事情,要不就是出门去买白带子,给自己买,给沈岳焕的四叔买,还给别的什么人买,家里搁了两担白带子,表哥还说不够用,他到底要干啥呀。沈岳焕出于好奇,就有意听表哥与父亲的谈话,他们谈话也变得神秘而严肃。

"孩子们怎么安置一下才好?"沈宗嗣说。

表哥手托下巴:"今天就走,把男孩子送到苗乡。"

"那,女娃们呢?"

"送乡下的齐梁洞吧,洞里能容下万把人哩,藏在那里又安全又方便,你尽管放心。"

沈宗嗣像是把心放在了肚里:"就依你的意思,只是要快,我这就去安排。"

沈岳焕听了半天还是弄不明白,可是母亲很明白,她马上就去照料孩子们出门的事去了。沈宗嗣发现了沈岳焕站在一边,便问他:"你哥哥姐姐和弟弟都要去乡下躲一躲,你怎么样?是跟他们一起走,还是跟我在城里?"

"什么地方热闹些?"

"不要这样问,我明白你的意思,你想在城里看热闹是吗?那就不要去苗乡了。"

一听要和父亲留在城里,沈岳焕心中一阵欢喜,虽然他还不知道将要发生什么事情,但从迹象上他晓得,这次总要有热闹好瞧了。表哥找来一个陌生人,护送沈岳焕的兄妹们下乡,他俩一人挑了一担白带子,就要动身上路时,沈岳焕终于按不住好奇心:"表哥,挑这么多白带子走,你想开商店呀?"表哥笑了笑:"大概是吧。"沈岳焕忽然想起一件事来。

"表哥，你再来，可别忘记给带那只花公鸡啊。"

"忘不了，要是忘了，表哥给你带更好的东西。"

一小队人走远了。沈岳焕久久地注视着他们的背影。他不知道这时候已经发生了天翻地覆的变化，震惊国内外的辛亥革命已经爆发，全国各个地方纷纷起义，反动腐朽的清朝政府眼看就要垮台了。革命的浪潮已波及湘西地区，不过，湘西这个地方太封闭了、太落后了，这里的人不懂革命。但是，他们也不想再受压迫和剥削，尤其是那些苦难深重的苗族人民，他们渴望"造反"，改变天地，改变生活。这次暴动主要的力量就是苗族弟兄，虽然他们不懂得推翻封建王朝、建立共和制的新式国家的道理，只把反抗压迫和歧视当作"造反"的目的，但他们的行动，仍然是革命行动。而小小的沈岳焕，对凤凰城将要发生的事情，就更不清楚了，他只知道，一件大事将要在小城发生。

第二天，沈岳焕的几个叔叔全来了，他们和沈宗嗣像是有忙不完的工作，其中顶数那个高个头的四叔最忙活。他一会儿跑出门去打探消息，一会儿又跑回来悄悄和大人们说上一阵。沈岳焕装作若无其事的样子，暗中计算四叔出门的次数，这一天，四叔一共跑出门九次。等到四叔第九次回来，沈岳焕终于忍不住了，跟着他走到屋廊下问：

"四叔，怎么的，你们是不是预备杀仗？"

"你这小东西，还不回去睡觉，小心回头叫猫吃了你。"

沈岳焕被一个丫头带到屋里。夜深了,他想起今晚叔父在灯下磨刀的情形,脸儿红红的,看上去十分有趣,过一会儿他又到书房看父亲擦枪。他各屋乱走,也没人理他,家里走了不少人,显得有些空荡荡,今晚他一反过去胆小怕黑的常态,靠近父亲听他们说话。家里的两支广式猎枪被拿了出来,几个人边擦边露出微笑,沈岳焕觉得莫名其妙,可他也跟着一块儿微笑,总之今晚要发生的大事是值得高兴的。有人抱怨枪太少,沈宗嗣告诉他们,已经派人与军营里的人讲好,到时候军队拉出来,那就不怕没有枪了……

沈岳焕只顾没完没了地猜想,这时母亲来了,让他把头伏在腿上睡。孩子靠近母亲,心里感到一阵安全,绷紧了一天一夜的神经立刻放松下来,沈岳焕只觉得一阵困意袭来,双眼再难睁开,不一会儿便进入梦乡。

睡梦中,沈岳焕听到城楼那边传来哗哗剥剥的声响,像是干柴点燃时发出的爆裂声,又像是过年的鞭炮声,不多功夫,响声大作,哦,是枪声。还有炮声,轰轰,轰轰轰。黑暗中不时闪亮着爆炸的炮火,借着这一亮一亮的红光,有数不清的人在奔涌、冲锋,人们好似浪潮一般向前涌动;有时还打着漩涡一样的团团转,乱哄哄左冲右突。红光消逝,一切又淹入黑暗之中,只能听到呐喊声、号叫声、刀枪相碰发出的清脆的叮当声,有人在哭有人在笑,声音一会儿在这边一会儿在那边,让人捉摸不定。

天,好像发亮了,炮台上沈宗嗣提了一把缺了口的大刀。他找不到道路,炮台四周蓝绿色的硝烟中露出小树林一样的红缨枪,每一支枪尖都闪动着雪亮的寒光,锋利无比。沈宗嗣实在找不到退路,只好双手高高地举起刀,瞪圆眼睛,向着炮台下纵身跃去……

沈岳焕打了个寒战,从梦中醒来,只见全家人都已经起来了,大家脸儿都白生生的,凑在一块儿悄悄地小声说话,见沈岳焕醒了,大家问他昨晚听到什么没有,沈岳焕有些发愣,只是一个劲儿摇头,他发觉家里好像少了几个人,再一数,那几个从乡下来的叔叔全不见了。男的只有沈宗嗣,他独自坐在正屋的太师椅上,那是他专用的椅子。清晨的朝晖洒落在他的身上,整个人显得石雕一般。他低着头,不和人说一句话。

"爸爸,爸爸,你究竟杀过仗没有?"

"小东西,莫乱说,昨夜我们打败了。"

"爸爸你说什么?"

"小声点,"沈宗嗣抓住儿子的一只胳膊轻轻一晃,"全军覆灭啦,死了上千人!"

"爸爸你是不是革命党,衙门来人抓你吗?"

"不该问的不要问,不该说的不要说。你放心,爸爸做事是很稳妥的,衙门里的人不会抓爸爸。"

一阵急促的脚步声,高个儿的四叔从外头回来,他满头是汗说话也结结巴巴了:"衙门从城边已经抬回了四百多个人头,一大串耳朵,还有七架云梯和一些刀枪。河那边杀人更凶,听说烧了七处房子,现在还不许人上城去看。"沈宗嗣一听砍了四百多个人头,急得一下子从太师椅上站了起来:

"老四,你快去看看,姎(yāng,湘西方言)韩在里边没有,赶快去,赶快去。"

沈宗嗣说的姎韩就是沈岳焕的表兄,昨天夜里他也在城外作战,沈宗嗣自然格外担心他的安危,就是沈岳焕听说表哥生死不明,心里也吓得怦怦乱跳。表哥他,可千万别出事啊。

沈岳焕慢慢走出房间,看到天变得阴沉沉的,不知何时阴云已经布满空中,像是要下雨的样子。眼前的一切,在黯淡的天色下面,全呈现出无精打采的样子。怎么仗就打败了呢?一夜之间全都结束了,他本打算好好地看一场热闹,看看爸爸和表哥他们怎样地攻占城楼,冲进衙门,俘虏大队的官兵。可是就在他什么都不知道的时候,一切就已经结束了。沈岳焕感到胸口闷闷的不畅快,心中空落落的又是失望,又是担忧。平时里街口那边照例会传来小贩们的叫卖声,而今天什么也听不见了,清冷得叫人心头发紧,正在郁郁不乐之时,四叔又跑着回来,一头扎进屋里,沈岳焕听见他大声对爸爸说:

"我找了好半天,人头里没有姎韩的脑袋,也许他没事情的。"

"外边情况怎么样?"沈宗嗣问四叔。

"街上的铺子都接到命令,开门营业了。衙门口围着好多人在看热闹,乱哄哄的,对门的张家二老爷上街看热闹去啦。"

沈岳焕听了心中一动,对门张家二老爷也去看热闹了?他不是暗中跟革命党有联系的人吗?沈岳焕忽然又感到一阵放心,这么说官军对这次暴动了解得并不多,看来爸爸也不会有事了。他心头增添了几分安全感,又开始关心衙门口那些人头了,衙门口那里现在会是啥样了?

"小东西,"背后传来爸爸的声音,不知什么时候他也走出屋门,"你怕不怕人头,不怕就同我出去。"

"不怕,我想去看看!"

第九章

砍　头

不管从前听过多少战争故事，再怎么说得邪乎，什么"人头堆成山，鲜血流成河"，可那都是听听就算了的事，沈岳焕毕竟没有见过真的打仗和砍下来的头。戏台上演哭秦琼时，演员托着个盛放人头的朱红盘子舞来舞去，但那人头是用木头做的。这一回，沈岳焕跟着大人们去看的，却是真的人头。

在衙门口门前的平地上，堆了一大堆肮脏血污的人头，辕门上、鹿角（一种用木头支起的防御工事）上，也都挂满了死难者的头颅。从城边扛回来几架起义者攻城用的云梯，那上边也悬挂着不少人头。

"小东西，你怕不怕？"叔父问沈岳焕。

"不怕。"

望着那一大堆血淋淋脏兮兮的东西，沈岳焕确实没有感到害怕，但是他搞不明白，为什么会有这么多的人，让士兵砍下他们的脑袋？他们为什么被杀掉，士兵和指挥士兵的人干吗要砍人？沈岳焕的小脑瓜怎么也弄不清楚，找不到答案。他抬眼瞧了瞧父亲，父亲在他心目中是个伟大的人，是无所不知的。此刻，沈宗嗣正在以一种军人特有的心情和目光，注视着衙门口血腥的场面，他看得好仔细，可又显得有点漫不经心，那是一种对血腥景象司空见惯的眼神。虽然，他是个失败者，可他并没有丝毫的惊慌失措，而是像一位棋手审视残败的棋局一样，思索着什么。沈岳焕对父亲这一点，简直佩服得五体投地。

回到家里，沈岳焕迫不及待地向沈宗嗣提出他的疑问："爸爸，士兵干吗杀他们，他们到底怎么啦？"

"唔，'造反'打了败仗。"沈宗嗣说完，背着手朝里屋走去，他现在需要休息。

但沈岳焕休息不下来，连父亲也没能给他一个满意的答复，真奇怪，爸爸居然也不明白这件事。为了弄明白这件事，沈岳焕只得一而再、再而三地往衙门口门前跑，他想从那里得出答案。

屠杀还在继续，或者说是刚刚开始。城里的士兵一队一队地开赴苗族人居住的地方，被捉进城的人越来越多，他们通常只被问上一两句话，就被拉出城外砍头。刑场设在城北门外的河滩上，一开始每天总要处决一百人左右，后来捉的人少了些，可每天也要处决五十人左右。由于行刑已不是什么新鲜事了，到刑场看热闹的人也越来越少，有时候旁观者还没有被杀的人多。沈岳焕一有机会就要去看行刑，他常常跑到城头上，这里居高临下，可以看全河滩上通常躺着几百具尸体的情形，官府有意不及时收尸掩埋，为的是示众，让老百姓看一看'造反'者的下场。

杀人已经变成了相当随便的事,有时被处死的人连绳子都不捆,直接被赶到刑场杀害;也有的人根本不知道捉他是为了什么,直到被押解至河滩才明白大祸临头,可这时已经太晚了。不过也不是没有个别幸运的人,有时死刑犯只因偶然站得远了一点,那士兵就以为他是来瞧热闹的,不再理他。

后来,沈岳焕看到一个奇怪的情形,犯人们不再直接被押赴刑场,而是先被押到天王庙大殿前的院中,在神像前扔掷竹筊(xiáo),筊就是一种算命的工具。根据犯人掷出的竹筊的样式,来判断他是该生还,还是该被砍头。原来官府因为杀人太多,在社会上引起了不满,而捉来的人不能全杀也不能全放,所以才想出这么个方法,也就是说杀谁不杀谁,杀多少人,改由神来决定。

可怜这些"犯人",是生是死全凭他自己用手一掷,掷完以后,"该活"的如释重负般地站到一边,"应死"的垂头丧气地排到另一边,他们无话可说,无冤可喊,这一切都是"天王神"的旨意,不能违抗的。沈岳焕尤其注意这些乡下人,他们闭上双眼,鼓足勇气把手中的一副竹筊掷出去,有的人久久不敢睁开眼睛看那竹筊。被宣判死刑的人,有的还在惦念着家中的小孩和牛羊,那懊丧的神态、怨恨的表情,深深地印在沈岳焕的心中。"掷竹筊定生死,这法子也太狠了。"沈岳焕觉得这种精神折磨比杀人更加残忍。

"这又怎么啦,总比全杀了的好。"有同伴不同意沈岳焕的看法。

沈岳焕还想反驳,可一时也不知说什么好,张了张嘴却没出声。他有一个聪明的脑袋,但没有一副伶俐的口舌。不说,不等于不想,这场持续了一个来月的屠杀,给沈岳焕留下了终生难忘的印象。官府随便杀害人的行为,使沈岳焕一生都特别憎恨滥用权力的人。虽然,沈岳焕的疑问还是没有得到答案,但目睹了残酷的现实,沈岳焕开始变得懂点事了。

第十章
新学校

一场暴动被镇压下去，官府疯狂地屠杀了好几千人。但革命的浪潮席卷了全国，小小的湘西凤凰城终究随着这股大潮发生了变化。第二年3月，凤凰城的革命也成功了，城内各处悬挂上白旗，城中的官兵正式向革命军投降，已经归属革命军的士兵们又排列成队上街巡逻，但他们不再为清王朝服务，而是在执行新的任务。沈宗嗣和本地的一些绅士们一面忙着维持地方上的各种事务，一面忙着开会进行"民主选举"，他们要组成新的地方政府，做这些事情都非常热心。

叫沈岳焕高兴的是，沈家大院又开始热闹起来，他的哥哥、弟弟和两个姐姐，全从苗乡回来了。家里边还有许许多多的乡下军人来来往往，院子里面都给坐满了。忽然，沈岳焕在人群里看到了表哥，他还活着！表哥正和别人诉说暴动那天夜里攻城的情况，背后那把单刀和红牛皮刀鞘格外醒目。沈岳焕忙挤过去，高兴得不知说什么好，等到没人注意时才悄悄对他讲：

"我常去天王庙看，想知道犯人里头有没有你，可是见不着。"

"他们啊,手短了些,抓不住我,现在该轮到我来打他们了!"

表哥真是说得到做得到,就在全城人到天王庙开会,沈宗嗣登台演说时,表哥几步登上台,照着站那儿的县太爷就是一记重重的耳光。这一下台上台下的人都笑得前仰后合,沈宗嗣连演说也无法继续了。

革命成功了,可凤凰城到底发生了多大变化?当兵的照常按时在衙门听差,钟鼓楼晚上仍旧有三五个吹鼓手奏乐,好像只是那些当官的换了人。在沈岳焕看来,革命后,顶数他们沈家变化大了。这一年他的小九妹出世了,他的爸爸离开了家乡,他是因为竞选失败,觉得脸上无光,一赌气走的。听说他去了北京,一个遥远的地方。沈岳焕只晓得皇帝就在北京住,至于别的他就不知道了。革命的印象在沈岳焕的记忆里就留下这些,其中最鲜明的,是那几千个无辜遭到杀害的农民。

没多久,沈岳焕便尝到了革命的甜头,地方上成立了新式学校,母亲毫不犹豫地把他送进去读书。沈岳焕长大后曾回忆说,从小他受母亲的影响较多,受父亲的影响较少。沈母黄英是一个身材瘦小,但很机警、很有胆气和见识的妇女,她自幼读了不少书,思想非常开明,不但懂些医术,还会照相。沈岳焕的舅舅也是个有新观念的人,凤凰城内第一家照相馆和第一家邮政局就是沈岳焕的舅舅开办的。母亲在沈岳焕很小时就教他认字,认识药名,还教育他做一个男子汉，必须学会思考问题，具有决断的能力。沈宗嗣离开家乡时，正是沈岳焕开始有点懂事的时候，所以沈岳焕自然受母亲的影响要大得多。

在新学校，沈岳焕觉得开心极了。这里的学生比私塾多得多，学校不让学生背诵经书，也不随便打人，每七天还有一个假日。由于学校管束不严，课余活动也很多，沈岳焕已经用不着逃学了。

半年以后，母亲听从了一个亲戚的建议，又给沈岳焕换了一所小学。这所学校在城外，临近高山，房舍前前后后都是绿树，沈岳焕打心眼里感到高兴，真是做梦也没想到，这辈子还能到这么个天堂似的学校里念书。这里挨着山对着河，到处都是高大的古树，也不晓得它们已经活了多少年了。下课后，沈岳焕常和几个同学比赛爬树，看谁先爬到树顶上。他们跑到学校后山边各自选棵大树，由一个人当裁判，仔细检查一下每个人是不是准备完毕，然后大喊一声"开始！"几个人就开始奋力拼搏起来。沈岳焕虽然很少拿第一，但这比赛使他有机会认识了不少树木，增长了知识。在学校，沈岳焕学会了爬树、翻筋斗和游泳，身体变得健壮起来。

"沈岳焕，跟我们一块儿玩'打仗'吧！"有同学来找沈岳焕。

"好的！"沈岳焕爽快地答应。

他们玩的游戏，有的地方叫"骑马打仗"，就是一个人背着另一个人和对方厮打,下边背人的叫"马",上边的是"将",打起来看谁先把对方拉下"马"以分胜负,把对方弄个人仰马翻那就大获全胜了。人多时,大家分成两拨,战斗场面显得更加激烈,惊心动魄。通常当"马"的同学都是来自乡下的,他们又高又壮实,而且作战勇猛忠实可靠,在火线上决不后退一步。作战总有受伤的,有时脑袋还会流血,但大家从不生气急眼,抓一把黄土敷在伤口上就算完事,一点儿也不在乎。

这一回邀请沈岳焕的,是力量较弱的一方,所以他们招兵买马,壮大队伍。沈岳焕和大家并肩战斗,可几次都被"敌人"打得惨败。看来,光靠硬拼是不行的。

"大家都过这边来,我们商量件事。"沈岳焕把自己一方的人召集在一块儿,小家伙们都已气喘吁吁,身上脸上净是泥土,再加上出汗,一个个都成了舞台上的大花脸啦。

"你们说,咱们到底打得过他们还是打不过?"见大家都不说话,沈岳焕又说道:"别看他们力气大,只要我们有战术,就肯定能打胜仗!"

听沈岳焕这么一讲,小伙伴们顿时都提高了情绪:"岳焕,有什么主意你快说,我们都听你的。"

于是沈岳焕告诉伙伴们,"敌人"强大,主要是因为有几员非常勇猛的战将在起作用。因此,作战时大家不要分散打乱仗,让人家一个一个消灭;而应该分成几组,先集中力量消灭掉对方的主力（按"骑马打仗"的规则，凡是被打下马后，"战将"和"马匹"就都算死了，不能再参加本次的战斗），对方军心就会大乱，剩下的事就好办了。

大家一听高兴极了，沈岳焕自然就成了军中的主帅和军师。他分配兵力，让两匹"马"对付敌人主力的一匹"马"，这样就能将对方消灭，而其他人不要分散开，只需在周围起掩护作用就可以。休息了一会儿，弟兄们重新披挂上阵，以崭新的战斗队形投入战场。果然，这一次对方吃了大亏，战斗中连连损失大将，剩下的人也已经没了信心，一边招架一边往后退。没有多一会儿，"敌人"就被消灭得差不多了，幸存的一两个人眼见大势已去，只好自动下来受降，认输了。这场战斗的结局，令对方那些"阵亡"的大将们目瞪口呆，他们站在原地看着，怎么也搞不明白，对手的战斗力为什么突然变得这么强大。

伙伴们初次品尝了胜利的喜悦，把沈岳焕围在中间，"得胜回朝"般地往回走，心里都跟喝了蜜似的那么甜。

"岳焕，你真行，战术管用得很。"

"我看呀，将来沈岳焕准能当上大将军，他爷爷他爸爸就都是大将军嘛。"

沈岳焕开始听着大家的夸奖还很高兴，可当他听到有人说他日后能当将军，心里不由一动，想起了远在北方的父亲。"爸爸当了半辈子的军人，也没当上将军，现在还在外边奔跑。将来，我会是个什么样呢？"他在心里悄悄地问自己。

第十一章

预备兵

沈岳焕读高小那年,凤凰县开设了军事学校,凤凰镇守署设立了几所军校:有一个军官团,一个将弁学校,一个教导队,还有一个教练士兵的学兵营。小城里一下子增添了这些军校,显得生机勃勃、气象一新。

"跨、跨、跨、跨……"街头上经常有青年学生排着整齐的队形走过,他们雄赳赳的样子,给萎靡不振已多年的小城,带来了生气。最受吸引的还是本地的这些孩子们,从他们的神情可以看出,当名军校生对他们来说,是多么幸福和光荣的事啊。有几个年纪小的孩子,还跟在队伍后边学着人家的样子走,在心里体会着当军校生的滋味;大些的孩子则出神地看着,心中想着什么,在这群大孩子中间就有沈岳焕。

"岳焕。"一个叫陈继瑛的伙伴捅了捅沈岳焕,他与沈岳焕很要好,两人家住得也不远,"我们也当兵吧。"

沈岳焕没出声,他也想当兵,可是没那么容易吧。

"你到底想不想去呀?"陈继瑛问。

"想是想,可是,有机会吗?"

陈继瑛把沈岳焕拉到没人处:"机会来啦,军官团的陈教官在我们凤凰县办了个什么，噢，叫预备兵技术班，开办都快半个月了，我们去打听打听嘛。"

于是两个人跑到军官团操场，在那里他们找到一个姓田的预备兵，他叫田杰，在预备班威信很高，人家都叫他"田大哥"。田杰听了他们的来意，很周到地告诉他们："要想来这儿得不怕吃苦，你们行吗？行？好样的，那就来试试吧。到这儿后每隔两个月可以参加一次考选，考上以后就能补上名额，正式当兵啦，所以来这儿训练的同学都很努力的，你们来了也要努力才行啊。"

沈岳焕、陈继瑛怀着兴奋的心情朝家走去。沈岳焕到了家后，没有马上把这事说出来，而是斜靠在他的小竹床上想起了心事。在凤凰，当兵是很光荣的事，因为本地出来的大人物，大多是军人出身，所以人们都认为当兵是年轻人的一条正确的出路。沈岳焕想来想去，估计这件事母亲不会阻拦。自从父亲离家后，母亲一个人支撑着全家的生计。哥哥到北方寻找父亲，一直没有回音；弟弟还小，两个姐姐都是女孩家，不能帮助母亲在外边张罗事情，眼见着母亲已经衰老了许多，眼角的鱼尾纹更加明显了。沈岳焕想到这里不禁轻轻叹了口气，责备自己太不懂事，太管不住自己，不但没有帮助母亲分担忧愁，还一天到晚在外边撒野调皮，不时闯点祸给家里添麻烦。秋收时，他也曾跟上大人到乡下去，但督促佃农收割、晒谷、运粮等各类杂事他从来不管。他只晓得用竹编的鸡笼罩捕水田里的又肥又大的鲤鱼、鲫鱼，只晓得把捕到的鱼用黄泥包好再塞进热灰里煨熟了吃。要么就是朝佃户家讨要只小斗鸡，准备回家时带到城里找人斗鸡玩；或者是捉刺猬打蛇什么的，玩得开心痛快。沈岳焕不晓得，母亲在这一年收谷之际，为了计算全家人的吃喝花销，是怎样地绞尽脑汁去安排，又是如何担忧发愁。沈岳焕更不晓得，如今沈家的经济状况更不如从前了，父亲在外边进行各种活动无不需要花钱，不断地写信要母亲寄钱给他，没有钱便让母亲变卖家里的房产或是田地。沈家大院正在一步步破落下去，要不是母亲在家里维持着局面，沈家可能早就破产了。这些沈岳焕都是长大后才听母亲跟他说的，当时他小小年纪，也不能对沈家的兴衰负任何责任，他开始认识到自己的不对，这就很不错了。

吃晚饭时，沈岳焕鼓了鼓勇气，把想上预备兵技术班的打算跟母亲说了，而且为了征得她的同意，极力把技术班的好处夸大。

"你真的这么想去？"母亲看着儿子，心里也在盘算，既然是有机会考上挣一份口粮的地方，那里的规矩也肯定是很严格的，把这个小调皮鬼送进去学学规矩，也许对他一生来讲都是件好事。再说，学校里的训练虽然有危险，可总比一天到晚在外头疯玩野跑的危险性要小，学的也是正经的本事，一个男孩子将来在外头闯，总要具备点儿能力和毅力的。想到这儿，母亲点了点头：

"好吧，那你就去试一试。可是岳焕，上这个学校不比别的学校，那里的规矩严，得吃苦头才能学出本领，你要想好了再去。"

"妈妈，我早就想好了，就等你答应了。"沈岳焕喜出望外地说，差点碰翻了桌上的饭碗。

"看你，这么毛手毛脚的。怎么能去技术班？"

"能的，能的，我再不会毛手毛脚了，这下好啦，妈同意我去啦。"沈岳焕雀跃着去找陈继瑛，一来是要早点把好消息告诉他，二来想知道陈继瑛跟家里说通了没有，他只顾往外飞跑，并没有听到身后的母亲轻轻的叹气声。

半路上，沈岳焕碰上迎面走来的陈继瑛，原来陈继瑛的家里也同意他上技术班了。两人刚好碰了个对面。兴奋中的两个孩子沿着铺了青石板、红石板的街道转悠，争抢着说个人的理想打算，好像从今以后，世上的一切就都要发生变化了似的。不知走了多长时间，天也黑了，肚也饿了，两个人便把衣兜里的零钱凑在一块儿，到熟肉摊子坐下，要了一盘热气腾腾的煮肉，又要了一点酒，边吃边喝起来。酒辣得沈岳焕说不出话来，只觉得浑身发烫，但他内心十分得意，在湘西，男子汉都要吃肉喝酒的，更不要说当兵的人啦。把肥嫩嫩的肉蘸了盐水送入嘴里，满口生香。沈岳焕仿佛感到自己已经高大起来，成了一个标准的魁梧的军人。不多工夫，两个人风卷残云般地吃光了煮肉，嘴角边油光光的起身回家。这时沈岳焕望见身边比他高小半头的陈继瑛，才发现自己一点儿也没长高，还是那么瘦小，心中多少有点泄气，但这只是一时的念头，很快这念头又被无边的喜悦所淹没，无影无踪。

回到家，母亲的房中还亮着灯，沈岳焕轻轻走近，隔了竹帘往里看。灯下，母亲正一针一线地给他赶制着一套灰色制服，是供他到技术班穿的。沈岳焕想起了古诗里"慈母手中线，游子身上衣"的句子，胸中很是翻腾了一阵，好在上技术班不是正规当兵，每天下课后还是要回家的。

第二天，沈岳焕、陈继瑛来到预备兵技术班报了名，他们被分到军役补习组。沈岳焕意外地发现他们的班长原来就是他读高小时的班长，叫梁凤生。在两个学校遇上的居然是同一个班长，这可太巧了。梁班长带着他们去见陈教官，这是个在任何时候都挺着胸脯的人。听说陈教官的杠上技术得过全省的锦标，能做很多令人看了都害怕的高难度动作，沈岳焕对他又敬又畏，但印象还好。陈教官似乎对沈岳焕也算满意，见他人小个儿矮，排队排在最后一个，在训练时不免对他有点照顾。

新的生活开始了，这是一种军事生活，虽然又严格又艰苦，可很合沈岳焕的胃口，他这匹野马到了这里，居然踏踏实实、认认真真地学起东西来了。最初的训练自然还是练队列、齐步走。沈岳焕个子矮步子小，一开始总是有点跟不上，但他有一股不认输的脾气，苦练了十天之后，硬是达到了合格的标准，连陈教官看了都直点头。于是，沈岳焕便可以和大家一块儿训练其他技术了，这时沈岳焕才感到努力的可贵，虽然个头小，但只要肯下功夫，就能够和别人一样做事情。

接下来进行的是"翻筋斗"，全班来到小操场的沙地上，一个一个地单人学。"沈岳焕，出列！"沈岳焕听到叫他心里有点紧张，可当他看到班长梁凤生的目光时，马上就不那么害怕了，他知道梁班长会对他特别帮助的。一根腰带束在了沈岳焕的腰间，梁班长与一名"老战士"各抓紧一头。"开始！"沈岳焕听到命令，双手撑地，把身体使劲翻过去，就在他尽力挺立起身时，梁班长赶忙用手一拉，使他顺利地完成了动作，腰腿没有受到丝毫的损伤。有了这一次经验，沈岳焕胆子更大了；再加上他过去也练过类似的动作，虽不标准但身体还算灵活。就这样，仅一个上午他就完全掌握了翻筋斗的动作，而且不用别人帮助和保护了。沈岳焕练功的信心倍增，胆越大动作也越猛，没想到攀杠子时一个失手，重重地摔在沙地上，当时就说不出话来。同学们很惊慌，沈岳焕也慌了，他一个劲地使劲说话，可光张嘴就是说不出声。咚的一声，他又坐在地上。

"站起来！"梁班长从操场那边急速跑过来，二话不说，扶起沈岳焕围着操场使劲跑。跑了好一阵子，沈岳焕终于觉得气顺了过来，张口说了声："哎哟，可急死我啦。"

众人听罢，都哈哈大笑。梁班长一脸严肃地冲他们嚷道："笑什么！往后谁碰到这种情况，一定要搀他跑步，不然以后会落下毛病的。"大家听了，这才收起笑声，沈岳焕也十分后怕，心里特别感谢班长。梁班长在他心目中，是兄长，也是老师，沈岳焕还很少这么钦佩一个人。

进了技术班后，沈岳焕的生活发生了变化，他的精神也发生了变化，淡忘很久的做将军的梦，重新又在他的脑子里出现了，就好像已经枯死的树枝上重又发出了绿芽一样。既然皇帝没有了，考秀才、中状元之类的理想也就全成了泡影，和肥皂泡似的，"噗"的一下再也看不见了。可是将军梦还存在，而且如今全国各地冒出来的将军数都数不清，立下志气奋斗，以后做个将军不是蛮好？沈岳焕觉得这是可能的，他的祖父就有这份荣光，好男儿志在疆场，这念头一旦涌上心头，沈岳焕更增添了一股豪迈的气概。

每天吃过晚饭之后，沈岳焕都要约上陈继瑛一起出城散步，谈天。他俩穿着灰色的军服从街上雄赳赳气昂昂地朝城外走，小哥俩并排往前行，觉着自己特别威武，不由自主把小胸脯都挺得高高的，就像他们的陈教官一样。可是有些大人却瞧着他们很可笑，总和他们开玩笑。每回出城门，门洞边的卖牛肉的屠夫都会做出笑脸："排长、排长，又出去走走啊？"有时还在他们身后大声喊："二位军爷辛苦啦，有时间请这边坐坐。"还有那个守城的老兵，一看他们走来，故意来个立正的姿势，口中叫他们"总爷"，脸上却做出怪样。小哥俩并不在意这些，理他们干啥，我们进技术班为的就是将来做番大事业嘛，现在拿我们开玩笑，将来要真当个"总爷"给你们看看。

"陈继瑛，以后你想干什么？"

"干什么？当官，当个团长。岳焕，你呢？"

"我呀，我想进陆军大学，毕业后领兵打仗，立好多好多战功，再当个大将军。"

"真棒啊岳焕，还是你有志气。"

"这有什么，我爷爷就是将军嘛。"

两个人说说笑笑又回到城里，就听见街角那边传来叫卖声："甘蔗，甜甘蔗。"沈岳焕说了声"是班长"，忙拉着陈继瑛拐入小胡同躲在一户人家的门洞里朝街上偷看，两个小脑袋一个压着另一个。

梁班长提了个竹篮，篮内盛满了削好了段的甘蔗，他一边叫卖吆喝一边向街那头走去。沈岳焕他们目送班长走远才重新往家走，但是已经没有了刚才的笑容。他们知道，班长的家里可苦了，他母亲是个寡妇，靠为别人缝补衣裳挣钱养家。班长是老大，下边有两个弟弟。每天散操后他都要跑回家，提上篮子上街卖甘蔗，在大街小巷转悠得很晚才回去，为的是挣点钱补贴家里。班长可好啦，不管在哪里只要遇上同学或好朋友，他总一声不吭走到你身边，突然往你手中塞一根甘蔗，就飞快地跑走了。沈岳焕就遇上过他两回，心里很过意不去，班长本来就穷，哪能老吃他的东西，所以他老是躲开班长。

"甘蔗，甜甘蔗。"班长的声音渐渐小得听不清了。沈岳焕、陈继瑛走在路上，一时都找不着话可说，心里想着班长的事情。别看梁班长和他们差不多大，都是十三岁多点，可他早已经担负起养家的责任。

"岳焕，班长可真不简单，在学校考试总得第一，到了技术班成绩也那么好。你知道这是为啥？"

"这还用问，班长想早点考上正式兵，挣一份口粮嘛。"

"听说营上的守兵有几名缺额，要补充新兵了，过几天技术班准会考试，选拔当兵。"

沈岳焕没有说话，他暗自鼓劲，想争取到一个当兵的名额，同时，他也很希望梁班长考出好成绩，被选入兵营。

果然，几天后考试开始了，沈岳焕尽了平生最大的努力，攀杠杆、蹿木马、走天桥、拿大顶……动作完成得蛮不错，还得到了军部的奖语。尽管他没有考上，但他还是很高兴，因为他能在许多军官的注视之下，克服紧张心理合格地完成操练项目。当时沈岳焕并不知道，在技术班的几个月的训练下，他的意志和品质已都有了极大提升。

当天下午，沈岳焕回到家，高兴地把考试的情形和家里人说了。全家人听后，都乐开了花，对昔日的调皮鬼露出了亲切的微笑，沈岳焕已经好久没有看到家人这样的笑容了。第二天，母亲杀了一只鸡，做了桌丰盛可口的饭菜为儿子庆贺，全家人围坐在八仙桌旁痛痛快快地吃了起来。两个姐姐不住地往沈岳焕碗里夹菜，连三岁的小九妹也显得分外听话，张了小嘴乐呵呵地听大家说话。

二姐又把一块鸡肝夹给弟弟："多吃点，未来的将军大人。"

母亲多少天来，还没这么高兴过，她深情地望着儿子说："是呢，日后咱们岳焕一定会当上将军的，将门出虎子嘛。"

"岳焕，"大姐问，"昨天考试一定来了不少大官吧？"

沈岳焕得意地说："那当然啦，操演时镇守使署的参谋长都来啦，还有好几个人呢，我也不知道他们是做什么的，反正都是长官。"

"那你心里怕不怕？"大姐又问。

"开始是有点怕，后来我想已经这时候了，怕又有啥用，管他……"沈岳焕说到这儿，把个脏字咽回肚里，接着说，"管他那一套呢，拼命干就是了。就这样，操演完了，我也没跌倒，没啃沙子，最后跑步到阅兵官跟前报告时，也是一、一点结巴都没打。"

"那你怎么在家倒结巴了？"经二姐这一逗，大家又大笑起来，沈岳焕也跟了一块儿哈哈笑着。母亲摆了摆手让大家小一点声,又问儿子:"这次考试,技术班有谁考取了?"

听母亲这么一问,沈岳焕忽然有件心事浮上心头,自言自语似的喃喃道:"他,他也没有考取。"大家听了他这句前言不搭后语的话,一时被搞得莫名其妙,以为沈岳焕出了什么差错,饭桌上顿时冷了场。可是,沈岳焕并没出差错,他在想自己的心事,耳边仿佛又响起在街头听惯了的声音:

"甘蔗,甜甘蔗哦!……"

又过了一段时间,陈教官被调到卫队团当营副去了。陈教官一走,技术班自然没法再办,马上也就解散了。在八个月的技术班军事生活里,沈岳焕几次参加考试,结果都没被军队录取。但他的身体强壮了,意志坚强了,这些收获在沈岳焕的一生中,都起到了重要的作用。最后一次散操之后,沈岳焕摘了一大把花回家,心里总有种空落落的感觉。"这就算是退伍了?就这么结束啦?"他没有想到,生活竟会变得这么快。

这一年,沈岳焕的二姐死了,二姐只比他大两岁。沈岳焕伤心极了,二姐又聪明又漂亮,性格也很刚强,他觉得二姐在他们兄弟姐妹当中,是最强的,比哪一个都强过一等。二姐下葬那天,沈岳焕把一株山桃树苗插在坟前,他希望这株小苗能够代替二姐的生命,继续活下去。

第十二章
当兵吃粮

农历七月十五日,"中元节"到了,沈岳焕独自跑到河边玩耍。

"中元节"也叫"盂兰盆节",在唐宋时期就已经是民间的一个节日了。这一天人们要在家里或去坟上祭祖,有点像清明节。但"中元节"也有庆丰收的含义,有的地方夜晚还有"放河灯"的活动,这一方面是为了祭奠"河鬼",另一方面也是为了游玩,所以"中元节"也叫"鬼节"。过去人们迷信,祭鬼拜神是为了让鬼神不把灾祸降给他们,祈求平安健康的幸福生活,后来,除了少数偏远地区,人们就已经不过这个节了。

沈岳焕到河边也是祭奠"河鬼",河中静悄悄的极为平静,因为按当地习俗谁也不敢下水,怕撞上鬼。沈岳焕可不管这一套,他把纸钱烧完后,又把带来的酒倒入河里,再把"祭鬼"用的足有半斤的熟肉吃掉,便脱下衣裤"扑通"一声跃入河里。河水清凉凉的,令人心清神爽,沈岳焕的玩兴上来了,一会儿潜入水里,试着能够憋多长时间的气;一会儿他又浮到水上,全身摆成个"大"字,平平地漂浮在水面,仿佛躺在一张起伏的大床上,舒适极了。就这样,他一个人在河里头足足折腾了两个来小时,才上岸回家。

吃过晚饭,母亲拿来一件洗净的长衫,还有新鞋新袜,对沈岳焕说:

"岳焕,把这些换上,跟我到个亲戚家走一趟。"

"去做什么?"沈岳焕问。

"别问啦,去了就晓得了。"

沈岳焕糊里糊涂地换上鞋袜、长衫,跟了母亲一路爬过二十多道高坡坎,来到城中地势较高处的一户人家。哦,他明白了,这家姓杨,主人是当军官的,和沈家当过邻居。母亲把他领到这儿来做啥呢?他在杨家门口等候时,看了自己身上的穿戴,忽然想起杨家有个女儿,小名莲姑,和他年岁相仿,也是十四岁多。记得那年过节,莲姑还装扮成观音菩萨,被人抬着在街上走。呀,那莲姑长得很漂亮的,还没有许配人家,母亲带他来这里,莫不是要相亲?哎呀,这多不好意思!

"岳焕,怎么还不进来?"迈进大门的母亲回头问。

沈岳焕没有办法,别别扭扭跟着母亲进去,到了正房门前,他怕见杨家的大人,浑身都不自在起来,见人家大人让人家评头品足,多难为情啊!沈岳焕想着,便哼哼唧唧地不肯挪步。母亲看他这副样子,也没办法:"要不,你就上花园里去找莲姑玩吧,可不许淘气。"

"哎。"沈岳焕答应了一声,转身就向花园跑去。莲姑果然在花园里,她拿着几支莲蓬正在鱼池边看金鱼。"莲姑。""是四哥?快过来。"莲姑让他看她们家的金鱼,还递给他一支莲蓬。两个人坐在一起,莲姑告诉沈岳焕:"明天我就要跟家里去辰州了,一路要坐好几天船呢。"沈岳焕问:"是真的?"莲姑把美丽的大眼睛一抬,说:"怎么不真?辰州那里有条大河,宽得很,河上的船数都数不清,那些拉纤的摇橹的,歌唱得可好了。""那,那里可不可以洗澡?"沈岳焕问,他们把游泳称作洗澡。莲姑听了,伸出食指在他脸上刮了一下:"你们男的,就晓得洗澡。"沈岳焕脸上微微发热。

"沈家二少爷,我们老爷请你过去。"一个丫鬟走来说。沈岳焕只好告别了莲姑,跟着丫鬟来到一间大屋里。母亲正和莲姑父母坐着说话,屋内点着煤气灯照得四下通明,沈岳焕感到很刺眼。屋里人见沈岳焕进来,都不出声了,一时静得能听见远处池塘里的蛙鸣声。沈岳焕按母亲的命令,向莲姑父母行了礼才坐下。"是这样,岳焕,"又是母亲打破了冷场,"我已经和你杨家表叔商量过了,让你跟了表叔去当兵,明天一早就动身。"杨家表叔也开口说道:"当兵吃粮,这也是好事呐,你就给我当护兵吧。"沈岳焕一听兴奋得差点站起来:"真的?就是那种背盒子炮的护兵?""哪个哄你嘛。"杨家表叔哈哈一笑,大家也都乐了。只有母亲乐得很不自然,可沈岳焕没看出来,他更不知道母亲送他出门当兵,实在是因家里的情况一天不如一天，没办法才下决心让儿子出去闯闯世界的。

沈家大院显得比平日宁静，沈岳焕在灯下无聊地摆弄着莲姑给他的莲蓬，九妹乖乖地在旁边看着哥哥，也不闹也不要莲蓬，比往日懂事了许多。他想把养的蛐蛐也带着上路，便出门找来一个竹筒，准备明天装蛐蛐。回家后他一眼看见，母亲在为他整理出门的东西，泪珠从她的面颊上垂落。沈岳焕这是第二次看见母亲流泪，头一次是二姐去世的时候。怀着一种酸楚的心情，沈岳焕把莲蓬递给小九妹，然后上床睡觉，这天晚上，他也哭了。

第二天一早起来，母亲、外婆、大姐都来送沈岳焕上路。这又是细雨蒙蒙的一天，昨夜的雨水已将地面浸湿，将树叶浸得更绿。外婆小声对沈岳焕说："乖，你要走了，去给你娘磕头，你是太让她操心了。你这次出门，她的心也是在你身上。"沈岳焕乖乖地走到母亲跟前，跪下连磕了三个响头，这可是发自内心的磕头。母亲的鼻子又是一阵发酸，说："出门在外可别淘气，胡来。你要好好做人，家里已到了这种地步，连这栋房子也只能保住三五年。三五年后你在外面做得好，也好接济一下我和你九妹。记住，出门不比家里，要自己小心……"沈岳焕听一句，点一下头，他还很少这么认真听过大人的嘱咐。全家人把沈岳焕送到大门口，不住地挥手，沈岳焕怕惹得大家难受，加快了步伐，朝集合地点走去。

杨家大门外，来往着许多穿军衣的人，衣服上有标志着不同军阶的领章、肩章。沈岳焕站在这些人中间十分显眼,他穿的是用蓝绸仿制的军衣,是大姐头天晚上连夜赶制的。"军装"十分肥大,要不是下面打了裹腿,走路都会有困难。他脚上穿了白布袜,外套新的草鞋,背了个花包袱在人群中乱转。忽然,他看见莲姑站在门前台阶上,注视着用人往一辆小推车上绑箱子。

"莲姑,莲姑!"沈岳焕高兴地跑过去,想约她一起走。没想到莲姑转过头来,却是一副冷漠的面孔。

"昨天妈妈告诉我,以后不能再喊你四哥了,应当喊你的名字。"

"为什么?"沈岳焕一愣,"我们不还是亲戚吗?"

"不知道,我爹也说这是规矩!"莲姑说完不再理他,又抬眼看那小推车上的大箱子小箱子。

沈岳焕觉得身子一下子缩小了许多,迈着不太听使唤的双腿重新回到士兵堆里,眼前浮现出杨家表叔冲他笑着的面孔,耳边回荡着那句:"当兵吃粮,这也是好事呐。"这面孔像是悬在高空里。

"出发,出发啰——"一阵乱哄哄过后,队伍排成不太整齐的行列,迈着纷乱的步伐,出发了。沈岳焕背了自己的大花包袱走在队列里,心中好不是滋味,昨天还是沈家的二少爷,是将门里的后生,今天就已经成了为吃份口粮扛枪的大头兵了,这变化实在太大、太快。就要离开家乡了吗?他回头朝凤凰城望去,小城在无声的蒙蒙烟雨中,模糊一片。想到这便是告别家乡,沈岳焕忙把头转回来,他不愿再多想什么。

走了一阵,听见身后传来"得得"的马蹄声,沈岳焕看见杨家表叔和一群军官骑马过来,他肯定看见沈岳焕了,但他头一扭又朝前方望去,这群服色鲜艳的军官们很快跑到队伍前边去了。又是一阵响动,军官家属坐的轿子赶过来了,莲姑就坐在轿子的窗口边,穿了一件浅粉色绿边小碎花绸衫,分外扎眼。她们也肯定看到沈岳焕了,因为沈岳焕的自制军服在队伍中同样扎眼。可莲姑和她母亲就像不认识他一样,在轿里嘀嘀咕咕说着话。不一会儿,轿子也赶到前头去了,而沈岳焕的脚步却越来越慢。一是因为他走得有点累,而这累多半又因为心情不好,二是他有意和那几乘轿子拉开距离。既然彼此已经不再平等,那就离开得越远越好,沈岳焕真希望和杨家的人离开老远,这辈子不再见面才好哩。他内心有一股犟劲。

这是一次长途行军,路走起来好像永远也到不了尽头,周围的景象还是绿水青山,可沈岳焕已经没有心情欣赏,双腿越来越沉,仿佛不是腿带动着身体前进,而是身体拖着腿朝前挪动。"小家伙,走不动了?把包袱交给我挑着吧。"沈岳焕回头一瞧,是个长了胡子茬的挑担子的脚夫,一双充满善意的眼睛使他打消了顾虑。他露出感激的表情,把包袱搭在脚夫的担子上。这样一来,果然身上轻了不少,沈岳焕方才喘出口气来。"小兄弟,你是哪里的人啊？"又有人和沈岳焕搭话，这是个中年人，看身份像是个听差的。于是二人又聊了起来，一聊才知道中年人和沈岳焕的叔叔是同学关系，两个人马上又亲近了许多。此人姓贺，沈岳焕称他"贺叔"。卸下了大花包袱，又有了熟人在一块儿，沈岳焕心情好了许多，脚下也不那么沉重了。

大约走了六十里，部队停在一条大江边。天色渐晚，又加上是阴天，江岸光线十分灰暗。沿江岸停泊了二十多条带篷子的船，其中有一条较大，船上挂着一面红绸大旗，上头写了个大大的"帅"字。帅旗船是长官坐的，不用说其他的船就是士兵们乘的啦。沈岳焕看见那些船上确实都有士兵站着，再回头一看，江岸早已纷乱一团，士兵们穿梭往来，寻找着指定的船只。沈岳焕独自背着包袱在人群里乱钻，没头苍蝇似的，可他并不晓得该上哪条船，也没人关照他上船。他有点慌，怯生生地走近一条船，轻声向上边问："有地方吗？大爷。"

"满啦满啦，你自己看，全满了！"

"没地方，你是第几队的？"

是呀，我是第几队的？可从没人跟我说过，我是今天才参军来的嘛。沈岳焕一时说不出话来，更不敢随随便便登上哪条船，别看他在凤凰城的江上常窜入别人船中，胆子好大好大，可现在不行了。他已不是凤凰城的沈家二少爷了，这里没人认得他，没人对他客气，任何一个老兵都可以把他呵斥下船。

天色渐渐发暗变黑，有些人已在船头烧火煮饭，橘红色火光一闪一闪的，还有人正蹲在船上吃饭。沈岳焕将包袱抱在怀里，呆呆地坐在岸边一块大石头上，揉搓着走路走痛了的双脚，脚下的江水哗哗啦啦地冲着岸石，一声大一声小。唉，上不去船可怎么办，难道就在这岸上蹲一夜？辽阔的江面挂满了薄薄的水雾，天角边只剩下一抹淡紫，黑暗就要吞没一切，有几只野鹜之类的水鸟，贴着水面向江对岸飞去。它们是在飞归鸟巢，还是要逃离黑夜？人要是长了翅膀，那该有多好，沈岳焕胡思乱想着。

"是沈岳焕吧，你怎么还不上船？"

沈岳焕从黑影中认出，是贺叔！他像找到救星一样，心里一下子踏实了许多："贺叔，船上全满了，没有地方可以上去的，怎么办？"

"船上全满了，你说的是啥！那么拳头大的孩子，什么地方不能塞进去。来来，小老弟，你放大方点嘛，这里有的是空地方。"

跟了贺叔，沈岳焕登上一条船，哎呀，这还是一条空船呢！可他高兴了没多会儿，又发现船舱里连舱板都没有，里头只铺了些稀稀落落的竹格子，竹格下面几乎能看得到舱底的积水，船一摇动积水也跟着响动。在这里可怎么睡觉？"贺叔，咱们是不是再去找找别的船？"贺叔也觉得这里很不方便，正要开口，船儿忽然剧烈震颤，声音乱作一团。是一群挑军用帐篷的脚夫上来啦,连东西带人很快就把船舱挤满了。"算啦,"贺叔说,"不要出去乱找,要是找不到,回来连这点地方也没得啦。"沈岳焕不再说话,船舱里因人太多,顷刻间便充满了呛人的烟草味和汗臭气。

"开饭啰,快去取饭。"有人喊各船上的人去取饭,沈岳焕巴不得赶紧逃离,头一个跳下船去。河滩上,他意外地遇上个熟人,那人在军械处供职,他很热情地把沈岳焕邀到军械船上住下。

军械船又宽敞又舒服,沈岳焕吃饱饭后,舒舒服服枕着小花包袱躺入船舱。当兵吃粮,当兵吃粮,大概就是这个样子吧。船在水上轻轻地摇,沈岳焕想起凤凰城内的母亲,她现在也该哄小九妹睡下了吧。他想象着小九妹手拿二哥给她的那支莲蓬,在妈妈轻轻的拍打下睡觉的样子,想到今夜是第一次离家单独睡下,明天将有新的世界新的生活,不再是家里的孩子了。沈岳焕感到一点难过,两滴泪珠无声地淌出,挂在腮际。困乏使他很快地入睡了,梦中又见到了什么,腮边泪还没干,脸上又泛出笑容。

第十三章

清 乡

"清乡啰,清乡啰!"

"打背包准备出发,咱们要去清乡啰。"

军营里一阵欢腾,士兵弟兄们一个个喜上眉梢,跃跃欲试地做着出发的准备。沈岳焕虽不太清楚上司布置下来的"清乡剿匪"的任务,到底有多么值得庆祝,可看别人那副欢喜劲头,他也受了感染似的兴奋起来。

自打部队驻扎在沅陵以来,沈岳焕真的当上了护兵,被编入支队司令的卫队。卫队几十个人,大的不过二十岁出头,小的只有十三四岁,沈岳焕属于小弟弟行列。当护兵的生活并不紧张,早上起床后集合点名,点完名再跑步出操,到了下午就没事做了。而且卫兵的纪律不像营里的士兵那么严,行动自由还是有的。每天吃的总是豆芽菜汤和糙米饭,每周日还能吃一次肉,每人可分到200克左右的肥猪肉,肉也是从豆芽汤里煮熟捞出的。卫兵们的枪什么牌的都有,有日本枪,也有德国枪,但都是长枪,沈岳焕挎盒子炮的梦想没有实现。这样的生活沈岳焕认为还算可以,他尤其喜欢沅陵的大街,这里比凤凰还要热闹。另外还有一条河街,街面排列了无数的小铺子,卖鱼篓的,卖船缆的，还有小刀、火镰、烟嘴，卖什么的都有，不买光看看就很有趣味。这里的城门洞处也有卖吃的，沈岳焕每天必要来这儿吃上一碗汤圆解解馋。所不同的是他现在不是学生也不是老百姓了，遇上本营的军官经过食摊，他要放下碗站起来，规规矩矩行礼，有时嘴里的汤圆没咽下肚，"敬礼"两字喊得含糊不清，惹人发笑。

沈岳焕还常跟着团长的马夫老张，到朝阳门外去放马，两人躺在草坪上晒太阳聊大天。他有时还和营里的三个小号兵到城墙上或是河坝边散步，号兵们练号，沈岳焕不会吹号便在一旁敲小鼓。偶尔上边分下来"任务"，也无非是保护那个长着络腮胡子的支队司令官，去祝寿，去会客，碰巧时也可得几毛钱的奖赏。这种日子过久了，虽然清闲但总还是平平淡淡。现在，既然上司命令清乡，生活一定会有改变，所以沈岳焕也和别人一样，巴不得早点出发。部队给每一个参加"清乡剿匪"的士兵发一块大洋钱，沈岳焕也学着老兵的样子，朝钱币上使劲吹上一口气，再挪到耳朵边来，果然听到一阵轻微的颤动声，说明这钱是真的。他把洋钱换成铜圆，买了三双草鞋，一条手巾，还买了一把俗名"黄鳝尾"的小尖刀。刀鞘涂着朱红色的漆，刀柄还绑着一片彩绸。他早就想要买这么一把刀子了，他们连长，一个姓吴的苗族人就有这么一把刀。吴连长总把小刀插在裹腿里。据说这位连长英勇善战，肉搏战和敌人搂作一团在地上打滚时，他总能在最后把对手压在身下，然后从腿下抽出小刀，刺死对手。沈岳焕学着连长的样子，把刀插在裹腿里，自觉得十分威武。去城边吃汤圆的路上，他不住抬起右膝，手尖果然就碰到了刀柄，真是太棒啦！

队伍出发了。

团总率领了约两个团的兵力，到江边乘小船逆流而上，大约在水上走了七天，这才下船。沈岳焕下了船四下看，咦，这不是离开凤凰那天晚上上船的地方吗，怎么又回来啦，他觉得有点怪异。上了岸，清乡队伍又开始陆地行军，队伍每到一个寨堡，都有当地有钱的乡绅出寨欢迎，把队伍客客气气地请入寨子。这些戴瓜皮小帽穿绸缎长衫的人，点头哈腰地冲着团总他们说："长官辛苦啦。"然后又冲着队伍点头："弟兄们辛苦啦。"于是辛苦了的长官和弟兄们大摇大摆进寨子里休息。一路上，士兵们没少吃乡绅们招待的蒸鹅和肥肥的腊肉，好好地解了解馋，当然在客厅用饭的长官们，吃得更好。沈岳焕想，怪不得大家都高兴出来参加清乡，原来有这么多好吃的呀。可巧贺叔给团总送信，从客厅出来，沈岳焕就把他的想法跟贺叔说了。贺叔听完，微笑着摸了下沈岳焕的头说：

"小兄弟，你还太年轻，清乡的好处多着呢。"

"贺叔，清乡真有那么多好处？"

"那可不，你想想看，咱们当兵的身上穿的衣，肩上扛的枪，还有每月发的饷钱，都从哪儿来？还有当官的为什么都能发洋财？"

"你把我说糊涂了，贺叔，这和清乡有啥关系？"

"所以说你太年轻嘛，有关系的，关系大着咧，一下也和你说不清，慢慢地你就知道啦。明天队伍进山，你要小心点，别乱跑，别掉队。"

贺叔说罢急火火地走了，可沈岳焕怎么也想不明白贺叔刚才这番话的意思，不过既然士兵们都喜欢清乡，可见贺叔讲的有道理，清乡会大有好处的，他开始盼望好处早点到来。

清乡部队第二天果然开进了山地，行进在崎岖的山间小路上，队伍只能排成单行，拉得长长的，有时这头的人已经下到山谷，那头的人还没爬到山顶。"啪！""啪！"有冷枪打来，沈岳焕心情开始紧张，但那些老兵脸上全都若无其事，照旧走自己的路。只有当子弹打近了，钻入草丛引起阵短促的响声，士兵们才端起枪注意搜索起来，结果往往什么也没发现，据说山里的"匪民"们跑起山路来，比黄麂还要快三分。

有一天沈岳焕跟着队伍，走在一个山谷中的狭窄小路上，两面山坡长满了小嫩竹子。走着走着，只听"啪"的一声枪响，队伍当中有个人一头栽倒地上，不动了。士兵们立刻分散卧倒，沈岳焕奉命和十几个人朝着响枪的地方搜索，走了半天，只见各处全是一模一样的竹林，就是连个"土匪"的影子也看不见。第二天，部队又有两人被冷枪打死，死法和头一天的人一样。中午休息时，沈岳焕看到团总用皮鞭指着山上大声说着什么，虽然离很远听不清他的话，但沈岳焕知道，团总一定又是在用最肮脏的字眼咒骂"匪民"。

沈岳焕一路担惊受怕，跟了队伍走到第三天头上，总算到达了目的地，驻扎在清乡司令部旁。次日，就看到各村寨民团（旧社会的地方武装团体，多由当地地主指挥）头子，带着团兵把用绳子绑着的"土匪"押到司令部。沈岳焕看着这些"土匪"并不凶恶，全像是老实本分的乡下人。入夜，军法长——一个穿长衫捧水烟袋、队伍里公认有学问的人，开始审问犯人。说是审问，实际上问不了几句，接下来就是按罪名重打板子，上夹棍，用尽种种刑罚。夜已经很深了，刑堂那边还传来阵阵拷打声，犯人们受刑时发出的尖厉的惨叫，使沈岳焕根本无法入睡，他不住地坐起身来竖了耳朵听，惹得旁边睡觉的人大为不满，困乎乎地埋怨："还不睡觉在干什么，扰得老子不安宁，听啥子听，明天还有的好戏看呢。"不知过了多久，刑堂安静了，沈岳焕才稍稍心安，躺下睡着。时间已是快拂晓了。

第二天，沈岳焕他们排奉命把昨天受审的三十来个犯人，押到市外，来到一片田地里，刽子手挨个把"土匪"砍了脑袋。沈岳焕看得眼都发了直，就这样便把他们杀了！这，就叫"清乡剿匪"么？他想起那年凤凰城苗民暴动失败后，清兵疯狂屠杀百姓的情形，就是这般样子，如今已经是"民国"了，军队还在做这种事！回营路上，纪律不像来时严格，沈岳焕看见他们吴连长走在前头，想起刚入队时他曾训话说："我们军人，应是保国卫民。"于是他紧走几步赶上连长。

"连长，那些杀了头的，全是土匪么？"

"对！"连长头也不回。

"可是，"沈岳焕鼓了鼓勇气又说，"可是我看他们不像土匪，好像种田的嘛。"

"你懂个啥！是不是土匪自有上司来定，你记住你是军人，不要多问，只管执行命令就行了。"

沈岳焕听罢，不由脚步慢下来，被连长落下好远。

从此，每天都有大批"土匪"被源源不断地押来。但军队并不出动，人都是由当地民团送来的，军队只负责审问、处决这些来自各地的"匪民"，每天都要处决几十个，清乡部队，就像是一架杀人的机器。不过，慢慢地沈岳焕也发现有些捉来的"土匪"，并没有被处决。只要被捉来的人认罪，并在一张字据上写清，他"甘愿"缴纳清乡子弹多少多少，或是某种长枪一支，就可以获得释放。当然他们缴纳的并非枪支弹药，而是按枪弹折算的现钱，一支枪折合一百八十元，一排子弹折合一元五角。只要有人把现钱带到司令部，军需官和副官点验一下数目没有问题，"土匪"立刻就会被释放。至于那些砍了头的，全是无力缴纳"捐款"的，或仇人是有钱的地方乡绅的，仇人花了钱买通军队，于是被捉来的人被硬安个"土匪"罪名杀头。

噢，沈岳焕这才明白了贺叔说的话，原来清乡的真正好处在这儿哩，军队在清乡剿匪的时候，会得到白花花的银子，叮当响的洋钱。后来沈岳焕还看到，军队有时嫌乡区民团的头子抓"土匪"太少，干脆就把民团的头子抓来，狠狠罚他一笔钱，叫他再不卖力往司令部押送犯人！这还不算完，如果两个地主富豪相互结了冤家，都求助军队帮忙报仇，那军队的官长们也会"助人为乐"。他们乐得两边的人都给军队送钱。今天，这边送钱就替这边去抓那边的人，明天那边送钱就替那边抓这边的人，谁有钱就帮谁"报仇雪恨"，谁更有钱谁就能打败冤家，在军队的支持下取得胜利。不论谁最后占了上风，那些当官的腰包里，都塞满了钱。噢，沈岳焕又明白了，怪不得那些当官的这么富足，他们吃得脑满肠肥，住高楼骑洋马，连姨太太都能娶上好几房。军官们有了枪，就可以占领一块地方，想出各种办法，软办法或是硬办法，让老百姓乖乖地把钱送来。一个地方的钱敲诈得差不多了，就转移到另一个地方。就这样，沈岳焕所在的军队在驻扎了四个多月后，又移防到一个叫怀化的小乡镇了，到了这里，还可以继续上演军队的"拿手好戏"。

在怀化，沈岳焕因为识字，被上司提为上士司书了，就是一种类似小书记官、小秘书的职务,负责填写登记枪械表之类的工作。军队还在继续杀"土匪"赚银钱,沈岳焕庆幸自己总算稍稍远离了杀人场一点,在怀化的生活,毕竟显得悠闲了不少。做完公务,他总爱在镇上转转,看一看社会,看一看"人"的生活。

沈岳焕随军住在镇内最大的建筑杨家祠堂。祠堂对面有大小十来家铺子,南货店、豆腐作坊,各式各样,虽然肮脏不堪,但也蛮有小地方的特色。还有那家药店,门前支一口破锅,里边有半锅黑色药膏,锅边还贴着干枯的蛇、壁虎和蜈蚣之类,让你相信膏药是货真价实的。店前那个留着小人丹胡子的老板,只要看到当兵的从这儿经过,势必哈腰微笑道:

"副爷,副爷,里边请坐,膏药奉送,膏药奉送。"

从沅陵到怀化,沈岳焕每到一个地方,都会特别留心观察当地每一处风景,每一处街市,甚至是每一家店铺,每一个有特点的人的表现。当然此时的他并不知道,这一切都为他日后的文学创作积累了大量的素材。眼下,军队除了杀人好像就没有别的事可做,沈岳焕也很厌倦这种无休止的屠杀,可那些军官们却把杀人场面当热闹看,也是闲得无聊了吧。在他们中间,沈岳焕就注意到一个可笑的人物,负责审问"土匪"的军法长。军法长个儿很高,宽大的肩上扛了个大南瓜似的脑袋,看人时常低着头,双眼从眼镜上边瞧。人都说他是个有学问的人,在清朝时中过秀才,"从文"这名字就是这个军法长给起的。那还是他刚从副兵连调到总部任司书时的事,在司令部他碰见军法长,军法长问他:"你叫什么名字?"他说:"沈岳焕。"军法长摇晃着头哼唧了一会儿,卖弄学问地说:"我看,你还是叫沈从文吧。"从那以后,沈从文就不再用"沈岳焕"这个名字了。不过有学问的军法长在审判犯人时一点儿也不认真,桌上总是放着预先写好了的斩条,冲着犯人尖声细嗓地喊:

"你,知罪吗?"

犯人在辩白自己冤枉时,他好像根本没注意听,常常很不耐烦地打断犯人的话:"住口,聚众闹事,就是谋反!把他给我拉下去!"说着,把红笔在斩条上一勾,就算判了人家死刑。犯人被士兵往门外拖,还在喊着:"冤枉!饶命!"军法长却已经开始做着准备。他准备什么?只见他匆忙提起长衫的衣角,另一只手托了闪着亮光的白铜水烟袋,从后门跑出。他一溜小跑,穿过菜园,抢先赶到离杀人地点不远的一个土墩上,观赏让他判了死刑的犯人是如何被砍死的。之后,军法长和一伙军官就有了聊天的材料了。

"这小子今天真是英雄得很,砍头时脖子挺得直直,眉头都不皱一皱的。"

"不错,这才是聪明人,一下就升天了,少受罪啰。"

……

沈岳焕，啊不，沈从文没想到，清乡杀人，不但使军官们弄到许许多多的钱，还能让他们得到许许多多的乐趣啊。

又有一群人被反绑了双手，押往清乡总部。迎面而来的先是几个士兵，犯人中间还有一个小孩，挑了两个人头跟着一块儿走，通常这人头就是小孩的父亲或叔叔伯伯的。一幅多么凄惨的图画啊！

第十四章
最初的转变

也许是由于对军队清乡杀人的反感，已经成为司书的沈从文不再像往常一样喜欢热闹了。现在他更爱安静地待着。他常常独自一人伏在窗子边练习毛笔字，既然谋上了一个用笔的工作，那为什么不把字写得好看呢？至少自己看着也舒服一点。

这天沈从文正伏案练字，秘书处长官领了一个穿身黑色马褂的白净书生进了房门："小师爷，介绍一下，这位是部里新来的秘书，文秘书，这小师爷姓沈，蛮机灵的，你们认识一下吧。"文秘书很礼貌地欠了欠身，一抱拳，十分儒雅地说道："你好，我叫文颐真，文章的文，请问尊姓大名？"在军队里和下层士兵混惯了的沈从文，很不习惯和这么文质彬彬的人打交道，竟觉得浑身上下都不自在，别别扭扭地回答："我，叫沈从文，你好。"说完他真恨自己这么不会与人打交道，为打破令人难为情的局面，他伸手为文秘书拿提箱。"好沉啊。""小师爷，还是我来吧，箱里有书，当然要沉些的。以后大家就是同事了，千万不要客气。"

文秘书又到别处拜会同事了，沈从文坐在椅子上呆呆出神儿。多年疯野惯了的孩子,一想到今后要和这么个知书达理的文化人共事,直感到又新鲜,又有意思。可不是吗,别看秘书处里秘书一大堆,他们谁也没有文秘书这样温和文雅,和文秘书一比,别人全成了"大老粗"了。文秘书啊文秘书,你真不愧姓文呀。

沈从文的眼力是不错的,文秘书确实是个地道的读书人。等到和大家熟些的时候,他见沈从文张口闭口称自己为"老子",很不赞同地把头摆起来:"哎呀呀,小师爷,你人还那么一点点大,说出话来老子长老子短的!"

"老子不管,这是老子的自由……可,可这是说着玩的。"沈从文还是有点儿为自己的粗鲁害羞了。

"不要这样,你聪明,应当学好的,世界上有多少好事情可以学习呀!"

沈从文把头一歪:"那你给老子说说,老子再看看什么样好就学什么吧。"虽然一下子改不过来,但沈从文毕竟从心里赞同了文秘书的意见。

"那好啊,以后我们就多在一起聊嘛。"

从此后,他们两人没少在一块儿交谈。沈从文觉得文秘书懂得的可真不少,他知道火车怎么叫,轮船又怎么叫,他告诉沈从文什么是鱼雷艇,什么是氢气球,电灯和电话又是什么样的,他还能分辨出美国兵和英国兵的服装有什么不同。这一切,都使沈从文这个生长在偏远湘西的小孩子大开眼界,了解到国内、国外的许多新鲜事。他不光觉得文秘书说的东西很新奇,他甚至觉得文秘书这个人也蛮古怪的,特别有吸引力。当然,沈从文也让文秘书增长了许多见识,像狼怎么嗥虎怎么吼,如何分辨野猪和山羊的脚印,甚至能生动地告诉文秘书怎么杀人怎么开膛,说得文秘书直打寒战。

"告诉你,有一回大家把一个砍下的人头踢来踢去,老子看了稀奇,上去也踢了一脚,哎哟,踢得我脚好疼,人头可重呢。"

"噢,你别说了别说了,再说我要吃不下饭了。"

在沈从文看来,文秘书可比那个秀才军法长有学问,沈从文在他的指导下进步得很快。比如他告诉沈从文练书法不要急于求成,两天就想当个书法家,开始练时只要做到字的大小均匀,横竖成行就蛮好。沈从文照他的话一试,果然写出来的字漂亮多了。文秘书告诉他:"这叫布局。"

有一回文秘书整理行李箱,沈从文看见他有两本厚厚的书,上边的字小极了,不由惊得发呆。

"这是啥?"沈从文问道。

"这是宝贝,天下事都写在上面,你想知道什么,宝贝就会告诉你什么。"

沈从文看到书上的两个金字,他认得:"辞源,辞源。"

"正是《辞源》,你随便问我吧,我都能替你从这里找出来。"

"诸葛亮,我要知道诸葛亮。"

文秘书把书前面翻翻后面翻翻,再打开中间:"喏,在这儿……"

沈从文高兴地捧着《辞源》,乱翻了半天,嘴里说:"读书真好。"文秘书一乐:"读书是好,但光读书还不够,还要看报纸。""老子从不看报,老子不想看什么报。"文秘书并不反驳沈从文,拿起《辞源》翻出关于"老子"那条解释让他看。沈从文这才知道,老子就是太上老君,而太上老君是历史上的一个人物。从此,他不再张口闭口叫自己"老子"了。

听了文秘书的话,他们俩和另一个老秘书合起来出钱,订了一份《申报》。过了一段时间,报纸真的寄来了,沈从文又惊又喜,报纸是在遥远的上海出的,居然能在湘西读到它,多有意思。就这样沈从文从报纸上又知道了好多事情,还因此认识了不少生字。不过他心里还是放不下那厚厚的《辞源》,每天都想翻翻那部宝书,可文秘书不是每天都让他瞧的,而且即使让看也得先洗手再摸书。文秘书把《辞源》视为珍宝,也害得沈从文经常在睡梦里偷翻宝书。正是这宝书,告诉了沈从文什么是"氢气",什么是"淮南子",什么是"参议院"等数不清的知识。

沈从文并没有因为军法长给他换名字,就喜欢学习文化知识,却因为文秘书对他的影响,开始对新知识新文化产生兴趣。这不是偶然的事情,在私塾时他逃离学堂,是因为旧学问死知识唤不起他学习的兴趣,如今面对新鲜的、活生生的知识,没有人督促,他反倒自觉去学。事实证明他的选择是正确的。后来没过多少年,私塾这种过时的教育方式,便渐渐地消失了。

就在沈从文学习、读书兴趣越来越浓的时候,部队又开始转移。在一个寒冷的冬天,铅灰色的天幕上飘下片片大雪花,沈从文和士兵们在雪地里深一脚浅一脚地赶往河边。到了岸边,大家列队上船,转回辰州。沈从文总也忘不了,当时,他半眯了眼睛仰望天空,看着天上的雪纷纷扬扬地向下扑来。天,总是那个颜色,铅灰中透出淡淡的一点砖红。雪片都是突然从半空中出现、飘落,它们到底是从什么地方生出来的?沈从文极力想看到雪的发源处,可直到有人催他上船,最终还是没有看见,他只得带着遗憾,哈着白气钻入篷船。一路上沈从文没和同伴多说什么话,他开始有了心事,思考着一个问题:今后自己该走什么样的路呢?可思来想去,总也想不出来。

沈从文感到,自己就像是空中的雪花一样,飘忽忽的不知会落到哪个地方。

冬去春来,转眼盛夏又到。前方不断有战报传来。沈从文所在的部队,为了能在新的地方搞到钱搞到粮食,总免不了和其他地方的军队或民兵发生冲突,但传来的战报却总是不利的消息为多。辰州城的军队开始往前边开拔,直到有一天,队伍全都走完。

城里,只剩下二十多个老弱残兵,沈从文因为年龄小也留下来,在"留守处"做点杂事。总部往前开拔那天,沈从文还特意到河边给文秘书送行,文秘书嘱咐他日后一定要多看书多读报,然后登上船向沈从文轻轻一抱拳:

"小兄弟,咱们后会有期。"

"留守处"的生活是很枯燥、无聊的,整天都没有多少事可做,也没有什么可玩的。沈从文很喜欢辰州的那个河滩,他去那里散步,看水涨水落,看来来往往的船只。他也很喜欢看一种名叫"广舶子"的货船,这种样子特别的船常斜靠在河滩的黄泥里,水手们忙忙碌碌地从船上运来各类货物:南瓜、茄子,还有生麻和闪着光泽的黑色瓮坛。船尾经常晾晒的朱红色衣服,有黄色的泥滩、浅绿色的河水作衬托,形成一幅色调和谐的优美风景画。色彩,这一文学创作的要素常常被人们所忽略,而在沈从文一双年轻的眼睛里,却呈现得那般鲜艳。

不知为何,美丽的景色常引起沈从文心中阵阵的忧愁,因为他感到孤独、寂寞。于是他各处乱走,借此消除烦愁,他看妇女们在井边洗衣、挑水,一看就是半天。有时他也去挨近一所中学的城墙上,看中学生们踢球,球场上生龙活虎般的人们和形单影只的沈从文形成鲜明的对照。"嘭棱棱",皮球飞到城墙上,与他同样年轻的学生们仰头喊他:"小副爷,小副爷,帮个忙,把我们的皮球扔下来。"沈从文把皮球踢了回去,得到了一个感谢的微笑以后,不再有人理会他了。我是个兵吗?他问自己。

日渐西倾,学校寂静,草坪上只剩下一只皮球待在角落里,墙边有叫不上名字的花朵正在谢落。沈从文自己的影子已变得斜长斜长的,该回去了。沈从文无聊地朝回走,城墙上迎面走来一群穿花衣的女孩,其中一个小点儿的女孩子远远看见了沈从文,又惊又怕,她扯着别人的手想往回走:"三姐,二姐,有兵有兵!"沈从文感到很不好意思,故意把脸转向城外装作向远处眺望的样子,让女孩们从他身后走过去,待她们走远,沈从文才动身。他看了一眼身上的灰布军装,耳畔响着女孩的惊叫:"有兵有兵!"我是个兵吗?他又问自己。我是个什么样的人?我是执笔的司书,我读过书,我不应该是一个让人看了又厌又怕的"大兵"呀。可我是个读书人吗?按理说我也可以成为一个读书人的。

隐隐约约之中,沈从文受到了一种刺激,为了摆脱眼前的烦恼,沈从文常坐在那张用公文纸裱糊的桌前,发愤地练习小楷字,一写就是半天。这日,他又在专心地写着小楷,就听见窗外传来一阵一阵的嚷嚷声,声音很杂很乱,好像是出了什么事情。他顾不上把笔插回笔帽,快步走到院中,只见留守处的人们焦急地围着老副官长,副官长手中捏着一份长长的电报。

"……没错的,完了,全完了,咱们让人家偷袭啦,全军覆没了，是全军覆没呀……"

副官长的声音带了哭腔，留守处的老弱残兵们你看我我看你，谁都没了主意。"阵亡了多少人呀？"人群里有人发问。

"不太清楚，看样子没剩下几个！营长、团长、旅长、军法长、秘书长、参谋长他们全死啦……"副官长有点儿说不下去。

"那，那文秘书呢？"沈从文赶紧又问。

"什么文秘书武秘书，全死啦，总部里就没有活着出来一个！"

沈从文仿佛让人在胸前猛击了一拳，痴呆呆地往屋里走去，身后副官长还在向大家详细讲述总司令部如何被袭击，遭残杀，言语中透着悲痛，就好像那是一群从来不曾伤害过别人的良善之辈。但沈从文心里乱纷纷的，副官长的话他好像听见了又好像没听见……

完啦？这就算是完啦？！沈从文很难相信，在这个普普通通、安安静静的日子里，居然传来这么个可怕的消息，这，是真的吗？

几天之后，沈从文从副官长手里领取了遣散费。部队没有了，留守处也就没有了存在的必要了。他携小包袱来到辰州城外的河滩，但这次不是散心、观景，而是踏上回家的路。河床那头，依旧传来装卸工人劳动时唱的歌声。

第十五章

乡下人

军队,没有了;熟人,全死了。沈从文像一片飘摇不定的叶子,在生命的旅途中打着转悠。

回到凤凰城,家里的情况更加不好了,田地已经卖光,全家人没有任何收入。母亲为了一家人的生活,天天发愁,又苍老了许多。面对这种状况,沈从文认为不能再待在家里白吃饭了,他大了,懂事了,他决定再到外头找点事情做,虽不能说是挣钱养家,可起码也得解决自己的生活问题。就这样,他来到芷江,投到在芷江任警察所长的五舅门下,在警察局找了一份办事员的工作。沈从文的办公地点在旧县衙门内,他每天的工作是抄写违警处罚的处罚条子,隔壁就是一个关押犯人的监狱,每天晚上都可听见从隔壁传来的拷打声和尖叫声。

过了不久,沈从文又增加了一项新工作,为警察局填写屠宰税的收税单,什么屠户每杀一头猪交四十文税钱啦,每杀一头牛交两千文税钱啦,倒也简单。不过他还得常常到县城各个杀猪宰牛的地方看看有没有偷税漏税,这工作又和税务员差不多了。沈从文几乎每天跑遍县城,他所到之处,那些成衣铺、银匠铺、南货店、宰杀行的老板们都对他态度极好。"来啦？里边请坐。""喔哟哟，请到这边喝茶。"商店主人们都比沈从文年龄大许多，为什么对沈从文这般的和气呢？因为沈从文的职务是收税查税，更因为沈从文的舅舅是警察所长，他们少不了有事要请警察所帮忙。这些小绅士、小财主还常和沈从文的舅舅喝酒谈天，实际上也是一种"联络感情"的手段。不管怎样，沈从文工作还是很认真的，于是他得到了同事们的好评，同时与那些商人也混得很熟，这便使他见到了各种各样的人的嘴脸，长了许多见识。

在芷江，沈从文还有一门亲戚，也是当地最有名望的家族，这家姓熊，出了个前"民国政府总理"熊希龄，在老百姓心目中他可是了不得的人物。不过这时候熊希龄和他的母亲、妻儿都在北京居住，芷江的熊公馆里住的是熊希龄的三弟熊捷三。沈从文常随舅舅到熊公馆做客，他最爱去的地方是客厅楼上的书房，他在书房里读了狄更斯的一些文学作品，如《贼史》《冰雪姻缘》《滑稽外史》《块肉余生记》等。随后，他又在隔壁一所中学的图书馆里，阅读了《史记》《汉书》《天方夜谭》，连载的《大陆月报》以及许多杂书，眼界大开，知识陡增。这也是沈从文生命中一个升华的时期，那一年他十八岁。

这一段时间沈从文的生活平稳顺利，薪金也在增加，他还学会了刻图章、写草书、作旧体诗，显示出他的才艺和天赋。不久以后，他的母亲因生活所迫，卖掉了沈家大院。在旧社会，出卖自家住房是很不光彩的事，因此母亲无颜再住在凤凰城里，干脆带了九妹也来到芷江，租房与沈从文住在一起，并把卖房的三千来块银元存入钱庄，交给儿子管理。这样一来，沈从文出身湘西旧家，还有熊家这门亲戚，再加上他有职务有收入，钱庄还有一笔为数不小的存款，在人们眼里，年少翩翩的沈二少爷，俨然是一个体面的小绅士了。于是，本地不少绅士财主，包括熊家在内，都愿招沈从文做女婿。

提亲的人果然登门了，此人就是赫赫有名的熊捷三。熊捷三提出了四个女孩（都是有钱人家的孩子）供沈从文选择。此时如果他答应下任何一门亲事，也许一生都要在湘西做土绅士了。然而不知是命运的捉弄还是命运的成全，沈从文拒绝了。

"那不成，我不做你的女婿，也不做店老板的女婿，我有计划，我得照自己的计划做去。"

原来，沈从文的心上已经另有一个女孩了。

却说沈从文来到芷江之后，认识了一个和他年龄相仿的男孩，这人叫马泽淮，眉清目秀，一脸的精明，也是一个大户人家的子弟。随着时间的推移，两个人成了朋友，无话不谈。在马泽淮家里，沈从文见到了朋友的姐姐，一个美丽而清纯的女孩，沈从文的心一下就有了归属，心中装着这个美丽圣洁的人，一见钟情的沈从文还能再选择别人吗？只是这一点沈从文从未跟人提起，连母亲也不知道,但他瞒不过马泽淮的眼睛。

"我姐姐又和我提到你啦。"团防局门口,马泽淮遇上沈从文,若无其事地说。

"是吗?她,她都说些什么?"沈从文极为关心。每次马泽淮"无意"地说起这种话题,沈从文内心都似泛了波澜般特别激动。

"总是说你好话,我也听不那么清,这两天我急着借一笔钱用,烦得要死,哪有心听姐姐唠叨。"

唠叨?这能算是唠叨吗?沈从文恨不得给马泽淮一下子:"烦什么嘛,用多少钱我借给你,总不要把人家说我的话都给忘了。"

"那是自然。"马泽淮眸子里闪出一小道不易被觉察的光亮。

夜晚,沈从文无论如何也睡不着,他翻身起床,点燃蜡烛坐在桌前,摊开一张信笺。他有满腔激情无休的话语要向心中的女神倾诉,然而纸短情长,一时不知从何说起。啊对,何不写首诗赠给心爱的人儿,人都说诗歌是表达感情的最高也是最好的方式,它既含蓄又幽雅,可以直接打动对方的心灵,很快博得对方的好感。不,她对我的好感已经是再清楚不过的了,现在重要的是我的表示,或许人家就等待着我的回答了,或许再不抓住良机要一失足成千古恨的。沈从文还没学会写白话文的新诗,旧律诗也学得半生不熟,但这并没有妨碍他的诗兴,炽热的浓情,足以掩盖任何技巧上的缺陷。一首被改了又改的旧体情诗终于写好,桌下纸篓内也已扔满了揉搓成团的信笺。

又是在团防局门口,马泽淮突然像田鼠一般地冒出,一把抄住沈从文的胳膊:"你搞的什么鬼,姐姐看了你的诗一晚没有睡下,早晨起来眼睛还红红的。"

沈从文吓了一跳,当他发现对方并没有责怪的意思,方才把心放下,随即马上又惊喜地问:"当真?"

"哪个骗人,骗你就是这个,这个。"马泽淮伸出手用手指做乌龟爬行状。

听说圣洁的女神为了自己的情诗夜不能眠,还洒落了晶莹的泪珠(沈从文确信那泪珠是极为晶莹剔透的),沈从文心潮起伏,胡乱把马泽淮要的钱塞到他的手里,独自痴痴地走开。他越想越激动,脑子里出现了那女孩一万种表情,直想得自己心里辛酸伤痛。多么善解人意,多么多愁善感,一首含蓄的试探情诗,竟惹得人家辗转反侧,珠泪涟涟。

沈从文为有了知音而欣喜,又为自己的"鲁莽"惹伤女孩而自责。总之,他为争取女孩更多的爱,对写情诗投入了更多的精力与感情。马泽淮不断地替他传递诗笺,也不断地朝他借钱。沈从文很豪爽,有求必应,马泽淮也很痛快,常借常还,甚至有时沈从文还有点盼着马泽淮来朝他借款,这样也好把压在手中的诗尽快转到女孩那边。另外,每当马泽淮来借钱或是还钱时,总要把姐姐对诗还有对沈从文的评价带来,这对沈从文来讲是顶顶重要的。马泽淮似乎也不是为了钱而来找沈从文,而是为了姐姐和沈从文的事,顺便借钱还钱来了:"姐姐说了,你的诗越写越好,文如其人,可见沈从文是个有才学、有志向也有情义的人。不过诗里的'并蒂花'总不如'并蒂莲'来得要好,不可只考虑合辙押韵,而忘记顺口不如顺情的道理。"好一个"顺口不如顺情",沈从文只觉得那女孩才是更懂情义的人。

当然,即使马泽淮没有那个让人钟情的姐姐,凭交情沈从文也会慷慨仗义地借钱帮助朋友"渡过难关",因为"沈家二少爷"最重友情,而且他也从不爱在一些细碎琐事上费心机,他的原则是对可信任者不再猜疑,对不可信任者敬而远之。他生就了这随随便便的洒脱性格,虽然后来有些变化,可骨子里并没有变。有人说性格就是命运,反过来说,对命运没有办法实际上就是对自己的性格没有办法。一天,大队的"土匪"忽然包围了芷江县,城内守军全部登上城墙抵御进攻。一连三天,援军还没有到,城外到处是起火冒烟的民房,城内人心惶惶,不知能否逃脱灾难。紧一阵慢一阵的枪声中,马泽淮把钱财埋在一个保险隐蔽的地方,又以旁边的一口井为记号,准确测量好并记牢藏钱地点与水井的距离后,才穿着衣服安心躺到床上。紧一阵慢一阵的枪声中,沈从文在屋内焦虑地来回踱着步子,但他不是担心"土匪"攻入城来,有生命危险，而是为了给"女神"写的一首诗中，造不出令人满意的句子而坐卧不安。枪炮的轰鸣在他心内不是可怕的声响，而是扰乱思路的讨厌的噪音。援军终于开到，"土匪"逃走，城里的人们这才把心放到肚子里。可是沈从文依然紧锁双眉，旧体情诗虽然赶制下几首，但全不满意，这样的诗句让"女神"看了，人家会怎么看我？好在诗送出后，马泽淮没说什么，照样说他姐姐对诗赞不绝口。也许，马泽淮是在客气吧。

又过了一段时光，沈从文偶然到钱庄查看账目，咦，怎么账面上少了一千来块钱？他又惊又疑，有心问问钱庄老板，可账上一笔一笔的支出和存入，全有自己的亲笔签字。他知道，如果相问，老板一定会带着讥讽的微笑说："沈二少爷您看仔细，这全是您亲自办理的呀。"不错，全是自己亲自办理的，而且全是为马泽淮而办的。他感到头脑有点理不清，分明记得马泽淮已经还完借款了，可除了为马泽淮从钱庄提钱之外，也没有别的用钱的地方啦！这是母亲卖掉房产才存下的一点家底啊，是全家人的命根子，没有必要谁也不会轻易使用的。其实，马泽淮一次次借又一次次还，以沈从文的脑筋是无法理清这团乱麻的，他聪明，可算不上精明。

沈从文有心去找马泽淮问明一下，可偏巧，这时候马泽淮不再露面了，像从世界上消失了一样。时光一天天过去，沈从文终于明白：钱，找不回来了；女神，也从此与自己无缘了。沈从文心中愤恨万分,他的感情被人玩弄,他的家财受人欺诈。可是面对着没有对证的事实,他只能将懊恼悔恨连同奇耻大辱埋藏在心,默默承受,何况沈从文天生不善言辞。

承认自己的软弱容易,可看着亲人为自己的大意而蒙受巨大的财产损失,沈从文实在于心不忍。他觉得愧对母亲,大哥不在,他本应担负起长子的责任,为母亲分忧,结果却做下如此对不住她老人家的事。一想到当初母亲卖房后,投奔芷江时的情景,沈从文无法控制心中的悲伤,伏在桌案上失声痛哭。

清晨,沈从文把写给母亲的告别信和存款的票据都压在桌上,携带一个包袱悄悄离开了家门。这一次,他是自己要走的。

他乘船来到常德,如果不是路费不够,他会一直走到北京的。在常德,他住在连吃带住每天只需三角六分钱的小客栈里,一边打探哪里有事情可以做,一边还不忘给母亲写信,表示忏悔与自责,请求母亲原谅。不久,母亲回信了:"已经做过了错事,没有不可原谅的道理。你自己好好地做事,我们就放心了。"沈从文看着信,难过极了,他完全可以想象出来,这封由母亲口述,大姐笔录的家书,是她们挂着泪写完的。他默默地走到常德城的城墙上,找了个别人看不到的地方,哭了。

过了一段时间,有熟人从芷江来到常德,告诉沈从文一个消息。就在沈从文离家不久,马泽淮的姐姐坐船出门读书,半路上被"土匪"抢入山中做了压寨夫人。很快,那女孩被一个团长用一大笔钱赎了出来,当上了团长夫人。谁知好景不长,团长不久又遭枪毙,女孩失去了依靠,最后进教堂做了修女,与世隔绝。沈从文听说之后,感慨万端,人生实在不可捉摸,变化总是那么快,叫人不知该怎样才好。

　　汽笛呜呜作响,又一艘从长沙或是汉口驶来的小型客轮驶抵码头。一些学生模样的人和穿戴体面的女人上船下船,行色匆匆。沈从文伫立在码头观看,有时可看见行人的皮箱,贴了许多上海、北京等地旅馆的标签,这引起他种种遐想。沈从文深感外面的世界宽广又精彩,回想自己步入社会数年所受的挫折,觉得自己是那么软弱与无知。你呀,到底还是个乡下人呀,他对自己说道。不过这个乡下人的心没有死,广阔的外部世界强烈地刺激着他,吸引着他。乡下人一旦清楚地知道自己是乡下人后,就会不顾一切地冲出去,寻找新的生活,新的天地。

第十六章

滩 声

保靖。

这个地方驻扎着不少的军队,街头上时常有队伍排着纵队穿行而过。

"大将南征胆气豪,

腰横秋水雁翎刀。

风吹鼍(tuó)鼓山河动,

电闪旌旗日月高。

……"

这边一支队伍高唱《大将南征》军歌开过去,那边又有一队人马走过来:

"三国战将勇,首推赵子龙,

长坂坡前逞威风。

还有那张翼德,当阳桥上登。

……"

望见这一队队服装齐整、武器精良、精神抖擞的士兵们,沈从文从内心深处,发出一声轻微的叹息。这样的军队比起三年前他所在的部队,显得那样富有朝气,每个士兵都斗志昂扬,而且尽职尽守。长官们也都以身作则,他们身为高级军官，生活十分简朴，吃的是同样的粗米饭，与士兵同甘共苦。说实在的，沈从文很想加入这样的军队，可他来保靖已经很久，却始终找不到一个军官肯收留他。他现在所认识的熟人、朋友，包括他表弟在内，都是些地位低下的下级军官，有做书记员的，当副官的，有做传达的，谁也无法替他在官长面前说一句话推荐推荐。不过他们是一群办事认真、性格开朗的年轻人，有的人还很有志向，正在努力读书准备着报考军校。沈从文常去找他们混口饭吃，因为他的经济状况愈来愈糟。有时他干脆朝这位借件军服，朝那位借条皮带或是借双鞋子，把自己装扮成一个有教育懂规矩的士兵的模样，让表弟带他去军法处、参谋处、秘书处或是其他什么部门，拜见官长申请入伍。每次沈从文都摆了立正的姿势，响亮地回答官长们的各种问询，这一套他在技术班时就学会了。可是结果却总是一样：不行。

"等等看，我们想办法。"那个人这样一说，沈从文心底就立刻明白，不行了。因为他们是不会去想办法的，只要他们点头同意就可以的事，用得着想办法吗？沈从文最反感这种人，不收就不收吧，还偏偏要装作想收却不凑巧的样子："怎么不早一点来我这里，三天前还有名额呢嘛！"逢此，沈从文掉头便走，决不再踏他的门槛，他最不愿意和虚伪的人打交道。

光阴似箭，一晃他来保靖将近半年了，什么事情也没找到,沈从文暗自焦虑。他知道这里的军官大多认识他的父亲,又怎么好意思用熟人的儿子给自己当差?何况沈从文一副书生样,要护兵、勤杂尽可以用苗族人或是种田的,有力气能吃苦,沈从文显然不那么合适。就这样,沈从文的工作迟迟找不到,只好在他那做书记的表弟那里借宿兼蹭饭。好在大家都是朋友,全都直爽痛快。闲着无事可做,沈从文也动笔帮表弟他们抄写训令、告示之类的文字,顺带着自己也练练字。这可真是打发日子啊。

一天室内无人,表弟他们还没回来,沈从文看书看得眼睛发酸,放下书本。一抬眼,见桌上放了件待抄写的信札,他坐到桌前抄了起来,他一笔一画地写,写得很顺,不一会儿已经抄完了。唉,我这算是在做什么呢?耳畔,怎么竟响起半年前在河滩听到的滩声哩?哗,哗哗哗,不错,就是那声音。半年以前,我是怎么地来到保靖的啊,沈从文的思绪飞回到来保靖时的那个不眠之夜。

从辰州驶往保靖的货船,因是逆流上行,所以走了十五天才抵达保靖。在此之前,这条船由常德出发至辰州,已然走了十八天。沈从文几乎一直在这条货船上度过,除了水浅的地方船太难走,他们为减轻小船的重量,才在岸上步行。每逢上岸,他们都要跟着拉纤的纤夫脚印前行。纤夫们身向前倾,一步一步走在好似没有尽头的河滩上,任凭风雪打在他们的身上、脸上,纤夫不换姿势,甚至连表情也不变，只是默默地向前拉，向前走。他们枯瘦且面孔黑黄，衣衫破烂，沈从文异常惊讶，这些高矮不一的人们，体内到底蕴藏着多大的力量，是什么样的东西在支撑着他们的精神，使他们能承受如此的苦难和重负？啊，前边的纤夫中有人落入水里，引起河滩上一阵骚乱。沈从文与同路的人连忙从河岸的高山绕道过去，待他们重新回到河滩，纤夫们已经救出伙伴，肩上挎起纤绳，继续向前拉，向前走。他们眯着眼睛向前走，雪糁染白了头发，口中呼出白色的气雾，这气沾在胡须上又把胡须染白。冰冷刺骨的河风吹来，在纤夫们的铁肩铁腿上，碰得粉碎……沈从文永远也忘不了这些人的身影。

"快到保靖啦。"船上不知是谁喊了一声，沈从文在舱内听见，又想出去观赏两岸的风光。哪知就在这时，船身一震，是船头撞到礁石了。他爬出舱一看，也吓坏了，只见船缆被撞断，船的右半舷全部撞碎，江水一下子灌了进来，五分钟之后货船便灌满了水。由于船内所装的货物都是棉军衣，船只不算太重，所以一时还不会沉没，可是船体几乎与水面齐平了。沈从文没见过这阵势，心里头怦怦乱跳，货船开始顺水向后漂流，一个船工和一个舵手在全神贯注地驾船，他们不停地喊道："莫慌，莫慌！"瞧见船工们的镇定神色，沈从文估计情况不至于太糟，这才稍稍沉住点气。

水流湍急，船只已受损失灵，船工使尽各种办法，总没把握将船安全靠岸，好几次眼看就要靠定岸边，不是一股水流冲来就是船身歪斜，又只好放弃，继续向下游漂流。沈从文看在眼里，不禁捏了把汗。在急流中漂了大约三里地，船儿很幸运地驶入浅水区，速度慢下来了。过了一会儿，十几个纤夫有前有后地赶来，士兵们急急忙忙赶来，这时候船已经搁在浅滩上不动了。

河滩上，人们把破碎的船篷板拆下，搭起个临时棚子准备在野外过夜。江面上一只船的影子也看不到。天黑下来，荒山中会有野兽，船夫们点燃两堆篝火，一为取暖，二为驱赶猛兽。沈从文不敢离开火堆，也不愿钻进窝棚，背向着火冲着河滩出神。渐渐地，船夫们的说笑声减弱了，没有了，全都入睡了。河滩上，传来的滩声反倒越来越清晰，哗，哗，哗哗哗，哗，哗……沈从文坐在河滩上，就这么听了一夜的滩声。滩声中，他突然记起，这寒冷的黑天竟是元宵之夜。

……

沈从文正在愣神，没注意参谋处一个姓熊的高级参谋迈步进屋，待他发现有人，熊参谋已经走到桌旁，沈从文一下子从回想中清醒过来，只得局促地站起身。熊参谋捡起沈从文抄写的信件，看得十分认真，沈从文愈加感到不安。

"这个，"熊参谋晃了一下信纸，"是你写的？"

"是的。不过我……"沈从文以为要受到责备，怯怯地小声说，"我不是书记员，我是在这里玩的，帮他们忙，写这个文件。"

"字蛮漂亮的嘛。"

"不过是，练着写写。"

这时屋主人们回来了，一个书记官告诉熊参谋，说沈从文经常帮他们的忙，熊参谋听了直点头，记下了沈从文的名字。沈从文实在没有想到，当天他就被军队招收做了一名司书，专在参谋处写字，每月发四块钱的饷银。

至此，沈从文总算有了着落，他感到自己就像是河滩上那条船一样，终于泊定滩头，让人松了口气。

第十七章
多情的"大王"

沈从文在参谋处办公,在表弟宿舍吃饭睡觉,每天生活得十分有劲头。在那帮司书里边,顶数沈从文的字好,而且沈从文具备的文化水平也比他们高,文件上的错字或格式不正确的地方,他都能发现、纠正,在上司眼中是个很得力的司书,不久他每月的薪水变成了六块钱。沈从文认为这一切之所以得来,就是因为自己的字写得好,因此他写字练字的积极性就更高了。薪金发下来,他不买衣裳鞋帽,却在五个月内买下了十七块钱的字帖,在那时候对普通人来说十七块钱不是个小数,而用这么多钱去购买字帖的人,就更不多了。

在别人的表扬下,沈从文工作特别卖力。"老弟,你的字真是龙飞凤舞,这公文你不写谁也写不了!"每逢主任拿着一厚叠公文找他"突击"时,总用这类话夸奖、恭维他。而沈从文听了这话后,干劲倍增,加班加点地去做工作。有时别人都已熄灯上床,沈从文还在煤油灯下,细心地誊录着公文或报告。如此卖命去干活,这也许是一种"傻",起码和同事们相比沈从文是经常吃亏的。然而多年以后沈从文在回忆这段生活时,非常确定地认为:"到后来我能在桌边一坐下来就是八个钟头，把我生活中所知道所想到的事情写出，不明白什么叫疲倦，这份耐力与习惯，都出于我那做书记的命运。"命运有时就是这么"古怪"，当你拼命去争抢、索取时，往往到后来会发现失去很多；当你努力地奉献，无私地为他人服务时，最终会发现，自己反倒得到了不少"回报"。没过多久，沈从文因为工作能力明显超过同事，被调到参谋处工作了。

沈从文在参谋处工作了约十个月，一天在参谋处工作的同乡满振先问他："军队要开到四川去，需要一名文件收发员，你去不去？要是愿意的话，到那边每月发饷九块钱。"

"去，我去。"沈从文很高兴地答应了。

沈从文愿意去四川，并不是为了每月那九块钱的薪水，虽然加薪也很重要。他总觉得自己有特长，有待于培养和开发，而要使这份特长成熟起来，就很需要被人发现和任用，去四川无疑是崭露特长给上司知道的一个好机会。另外，沈从文愿去四川，是因为他对长江三峡中的"巫峡"美景心驰神往。他有两位朋友就是从书上知道了"巫峡"之后，徒步从宜昌沿着长江一直走到重庆的。这可是一段艰险难走的山路，不知要过多少沟、爬多少山，然而这又是一段无比秀美的山路，且不说两岸葱茏幽翠的高山有无穷的起伏变化，单是江边因江水冲刷和自然风化变得奇巧万丈的岩石，就能让人看不完也看不够。可以想见，如果没有天下无双的奇美景观，人怎么能有毅力徒步从宜昌跋涉到重庆！

三天之后，沈从文便跟了一支队伍出发了。临出发时，沈从文只买了一双袜子，半斤冰糖。为了轻装他把自己唯一的旧棉絮都送了人，可他的包袱中却带上了褚遂良的《圣教序》、虞世南的《夫子庙堂碑》以及《兰亭序》《云麾碑》《李义山诗集》等书籍碑帖。

队伍进入川东，沈从文随司令部在一个叫龙潭的地方住下来，并于市中心的一座庙中扎营。这里市面比较平静，条件也好，当地商会早为他们预备好房间、木板床和凉席，这也是"欢迎客军"的表示之一。沈从文的工作不算忙，不过是抄抄写写、收收发发，总之全是记录的活计，做起来也省心。在沈从文隔壁，住了司令官的十二个差弁，房中的墙上挂着大枪小枪，很威武。沈从文对自己的住房很满意，在屋内各处都贴满了他的书法作品，还在视线能触及的地方，贴了些小小的字条，上写着："胜过钟王，压倒曾李。"钟王是他最为看重的古代书法家钟繇、王羲之，曾李则是当时活着的两位书法家曾农髯、李梅庵。沈从文确实有一种气概一种抱负，梦想着在书法技艺上压倒古今大家。

闲了没事，沈从文自然要各处走走逛逛，于是又走遍龙潭街头的商店、大油坊、染坊、官药铺、当铺、酿酒糟坊和邮政局。龙潭镇有一个闻名方圆百里的景点龙洞，洞口宽敞高大，因此往里走二百多米处依旧可以透进光线。洞中长年有一股寒水流出，冰凉刺骨，即使是六月的夏天也没人敢在水里洗手洗脚，如果真把手伸入水中，骨节立刻就会疼痛麻木，失去知觉。不过盛夏坐在洞内的大石板上，倒是消暑乘凉的绝好法子。

沈从文的薪水虽不是很高，但在龙潭却有一个好处，吃饭不用花钱，费用全在副官处报账。这一来他每月的九块钱就全部留在自己手中。有了钱他也不知道怎样去花，所以常常邀了朋友上街头的面馆去吃面，一来二去也结交了不少人，如司令官的差弁们、几个副官和一个青年传令兵。其中有一个人沈从文最为佩服。他叫刘云亭，是管领差弁的头目，与张司令官的交情很深。别瞧刘云亭身材矮小，脸庞黑黑，除了一双放光的眼睛之外看不出他有什么神勇之处，可是他当过"土匪"，做过"山大王"，两手使双枪打得极准，有二百来人死在他的枪口之下，他还曾有过十七个压寨夫人。沈从文认为只有刘云亭，才算得是个响当当的男子汉。不是吗？有年冬天他听一人说："谁现在敢下水，谁就不要命了。"刘云亭便脱光衣服，"扑通"一声跃入水中，游了将近一个小时才上岸，走到那人跟前："一个男人的命，这点水就能要了去？"如果他看见有人在赌钱时采用欺骗手段，他会一声不响地过去一把夺过钱来，把钱扔到受骗者身边掉头就走。刘云亭为人最重情义，他是为了报答司令官对他的救命之恩，才放弃了山大王不做,到司令官身边当一名上尉亲信的,他侍候司令官就如同奴仆一样忠实。

刘云亭会唱几口京戏,还会画几笔画写几笔字,和沈从文关系一熟,聊天也不忌讳,常提起过去如何杀人放火。沈从文有一次不解地问他:"刘大哥,你是怎么干上这个的?"他指当"土匪"。

刘云亭一下子变得有点深沉:"当初,我也是个本本分分的人,既怕惹事又怕见官,更不要说杀人烧房抢东西了。那年家乡里过来一支军队,硬把我抓了去说我是土匪,要砍我的脑壳。幸亏我还机灵,在押赴刑场的路上抓了个空逃出来。可家也没的回,饭也没的吃,我该怎么活呢?嘿嘿,于是我还就真的当上了土匪……"

沈从文想起了那些"清乡剿匪"的军队,默默无言。

又是一个休息日,朋友们凑在一块儿吃饭,一个副官"哎哎哎"地让大家静一静:

"听说了没有?河对岸川军驻的那个大庙里,关押了个女匪头子,好一个女匪,又年轻又漂亮,那副好身材简直可以让人为她去死。那伙川军为了这妖精,争风吃醋的都开枪伤人啦。"

"那还留着这害人精做什么,一枪毙掉算了。"

"你说得倒简单,没有原因谁肯关这么久还不处理!好多军官都想得到她哩。还有啊,那妖精还有七十条枪埋在地下,只有她知道地点,杀了她上哪儿去找枪?现在一条枪快值一万块钱啦,七十条枪值多少,你算算。"

沈从文听着分外好奇,恨不得立刻就过河去看看那个有传奇色彩的"美丽的凶神":"我倒想看看这杀人不眨眼的美女到底是个啥样,你们谁肯带我去一趟,我请谁喝酒!"

众人又是一阵嬉笑喧闹,只有刘云亭一人独自吃饭,一言不发。很快大家也就不提这事了。几天后的一个黄昏,沈从文吃过晚饭正拿了块抹布擦拭煤油灯罩,就听身后有人叫他:"兄弟,兄弟。"沈从文回头一看,是刘云亭。"兄弟,同我去个好地方,你就可以看你要看的东西。""我要看的东西?"沈从文还没明白是怎么回事,刘云亭一把扯住他走下楼梯。

两个人过了河,来到川军防区的那座庙里,这里驻扎了川军的一个排。刘云亭看上去和这里的人都挺熟,打个招呼行个军礼,站岗的就放行了。进庙之后,他们直奔后殿而去,然后又转入另一个院落。院内有间带栅栏的房屋,一个年轻的女人正坐在屋角的一条红毯子上,在灯光下做针线活,她背对着外边,沈从文注意到那条毯子是朱红色的,看了叫人心中沉重。

刘云亭扶着栅栏:"夭妹,夭妹,我带了个小兄弟来看你!"啊,原来他们早已认识!

女人转身站起,沈从文这才看清她的面容,白净的脸庞上,一双大眼睛清澈透亮,她,确实很美,只是嘴角边露出一丝与众不同的劲来,那是一种内心坚强的表现。女匪首走近栅栏,微笑着看了沈从文一眼,沈从文觉得这美丽的眼睛有股寒气放出。她带了脚镣,行动很不便利,最后一步几乎是扑到栅栏前的。

"刘大哥,刘大哥,你是怎么的!……"

他们在商量事情,沈从文知趣地走开几步,可还是听得见他们讲话,女人在催促着什么说:

"今天是十六。"

"我知道,今天已经十六了。"

"知道就好。"

"我着急,卜了个卦,说月份不利(不吉利),动不得。"

"呸!"

女人不再开口,眼神中露出怨气。刘云亭也不解释,只对她把嘴向沈从文努了努。沈从文知道夹在他们中间不方便。

"我先回去了。"他说。

"小兄弟,那你明天再来玩啊。"女匪首很高兴地招呼。

刘云亭把沈从文送出庙门,捏了捏他的手,样子挺神秘,好像是说"过几天你就全知道了"。刘云亭返身进去,沈从文独自回到对岸的军营。

后来沈从文才知道,在他走后,刘云亭与"夭妹"继续商量他们的终身大计：由刘云亭设法把女人保释出狱，两人远走高飞，刘云亭在湖南边境某处也藏了六十支枪，把两人的枪都起出来，他们就上山落草为寇，重新当一个天不怕地不怕的"山大王"，快活一生。

夜深了，刘云亭他们越谈越高兴，仿佛看到幸福美满的生活正向他们招手，两个人激动地搂在一起……

"刘云亭！出来！"

门外，一个排的川军全上了刺刀。他们愤怒了，有人居然敢在狱中做这样的事情！

刘云亭束了束皮带，手持双枪几步跃出门："兄弟，兄弟……今天小小冒犯，万望海涵。若一定要牛身上捉虱，钉尖儿挑眼，不高抬膀子，那不要见怪，灯笼子认人枪子儿可不认人！"川军们知道，这可不是个好惹的人，若要杀了他，今天非得赔上几条命不可，再说川军在此地只驻扎了一个连，而河对岸却有四个营的人马。呼啦，川军们闪开了一条路，刘云亭两只手端着枪从人群中走出去。

这一幕发生时，沈从文睡得正香甜。

"喂，醒醒，醒醒。"有人摇晃沈从文。沈从文一睁眼见是两个小副官站在他的床前："你不是要看女匪吗？快去看吧，在河对岸，川军就要砍她脑壳啦。"沈从文大吃一惊，一骨碌爬了起来："这不可能！"他飞快地向门外跑去，身后还有人说："看完回来，莫忘请我们喝酒！"沈从文赶到河对岸,一切都已经结束了,地上只留下一摊鲜血。沈从文暗说一声不好,又连忙返回军营,快步走到刘云亭的门口,一把推开屋门,刚要喊声"刘大哥"又把话收住。

刘云亭躺在床上,两眼直勾勾地盯着天花板,毫无表情,好像全身都已麻木。

整整一个星期,刘云亭谁都不理,什么话也不说,呆傻了一样。沈从文时常过来看望,想劝他吃点东西,可是每当看见刘云亭那副吓人的脸色,他也只好什么也不说了,只静静地在一旁守候一会儿,便又走开。有一天刘云亭忽然从床上跃起,又恢复了往日的活泼与豪放,他推开沈从文的房门,大声说道:"兄弟,我运气真不赖!夭妹为我死的,我哭了七天,现在好了。"沈从文拉了拉他的手,看着他的样子又好笑又可怜。这个刘云亭啊,用他特有的方式,七天的思念与哀悼,还清了他欠夭妹的感情债。就这么简单,可他的感情全是真诚的,刘云亭不愧是条钢铁汉子。

在龙潭住了将近半年,沈从文始终得不到机会去一览巫峡风景。在这里每天吃吃喝喝或是看行刑的生活,已经不能满足沈从文的精神需求了。不久,他申请回湖南总部的要求得到了批准,于是沈从文开始谋划回湘的路线,从水道走,一路可以过几个著名的险滩。人常说,风光多在险处生,估计这一趟多看几个新地方,增几分阅历是没问

题的。沈从文正津津有味地欣赏他的计划,刘云亭风风火火闯进来问:

"小兄弟,回湖南的护照拿到没有?"

"今天就能拿到。"沈从文回答。

"那好,护照上也填上我的名字,我同你一道回去。"

"司令官准假了么?"

沈从文知道这一段时间刘云亭又和一个洗衣妇要好,那人是个有夫之妇,夫家已向司令官告了刘云亭。司令官劝刘云亭不要在地方上惹事,也免得影响军队声誉,谁知这个"山大王"根本不顾这些,扬言司令官如不许他和洗衣妇好,他就请长假,拉队伍上山干老本行去。看来他和司令官谈崩了。刘云亭气哼哼地说:"准假了。我们那都是文明自由的事……"刘云亭讲了许多洗衣妇的家事,也不知他从哪里懂得了许多新道理,沈从文虽然听不太懂,但他听得出那洗衣妇是不幸福的,她不爱家里人给她安排的丈夫。沈从文相信刘云亭是一条好汉,做事肯负责任,他与洗衣妇的好是发自真心。不过,司令官说的也有道理,一个军人也应该保护军队的声誉,不该和地方上的老百姓发生这样的事。也许,刘云亭还是离开这里的好,司令官既然同意他走,看来也是为了他好。一想到能和刘大哥结伴同游江上美景,沈从文高兴地说:

"好的,就在护照上加上你的名字。船我已经看好了,明天咱们吃过午饭,下午动身出发。"

第二天吃过早饭，刘云亭来到沈从文的房间，二人正说着话，就听有人喊："刘云亭，军需处有人请。"刘云亭一拍屁股跳起来："是给我结算饷银的，这下咱们有钱啰。"他快活活地跑下小楼。不到一分钟，楼下吹起集合哨子，紧接着值日官高喊："备马！"沈从文十分纳闷，这不是要杀人的声势吗？是杀谁呢？是枪决逃兵，还是法办地痞？院中人声大作，沈从文推开窗子，啊！刘大哥！他的上衣已被脱去，一条绳子紧紧地捆住他赤裸的上身。此刻卫队集合已毕，飞快地报完数，值日官正在向楼上的官长们请令。沈从文呆住了。

刘云亭不服气地耸起他那瘦瘦的肩膀，向两旁楼上的人大声喊叫："参谋长，副官长，秘书长，军法长，请说句公道话，求求司令不要杀我吧，我跟随他多年，不曾做过一件错事……大家做点好事说句好话吧！"楼上的人相互看了看，谁也不说话，司令官端了象牙烟管从容地走出大堂客厅，温文尔雅地站在滴水檐前，向两楼的军官们微笑着打招呼。

"司令官，来一分恩典，不要杀我吧。"

"刘云亭——"司令官慢条斯理地拉着长声，可是很有威严，"不要再说什么话丢你的丑，做男子的做错了事，应当死时就正正经经地死去，这是我们的规矩。我们在这里做客，凡事要十分谨慎，才对得起地方人……自己勇敢一点做个男子汉吧。"

刘云亭不再挣扎呼喊了,露出从容的微笑:"好好,司令官,谢谢你几年来照顾。兄弟们再见,兄弟们再见。"他走出去几步,猛地回过身仰头说道:

"司令官你真做梦,有人花六千块钱说动我刺杀你,我还不干!"

司令官把头掉开,没听见似的嘱咐副官:"给云亭买副好点儿的棺材。"

卫队簇拥着刘云亭出了大门。

……

这天下午,沈从文上船离开了龙潭,身边依旧撂着件包袱。包袱里的护照上写着两个人的名字,沈从文,刘云亭,只是刘云亭的名字上用朱红的笔涂抹过了。

山,青青,水,清清,风儿还是轻轻。船儿压着水波,一起一伏,随着水声匀速前行。两岸的青坡、树木、房舍,徐徐落到身后。青草坡上,有牧童在放牛、牧马,牲畜们悠闲地啃着青草、晒着太阳。河滩上,有妇女在漂洗衣裳,洗净的衣服摊在滩头的大石头上晾晒,显现出鲜艳的色彩,给自然风景中增添了几分人间烟火的气氛。世上仿佛什么也没有发生,依旧是那么宁静、和谐。

沈从文无心凭眺远山,无意俯视近水,他又踏上了孤独的旅程。也许,他所经历的事确实与青山绿水无关,与田舍中的耕夫农妇们无涉,然而这些事,分明已注入了他脑中,不止给他留下永世难以磨灭的记忆,甚至与他一生的成长都有关联。文秘书死了,可他却或多或少地影响了沈从文,让他去追求文明,去追求理想。刘大哥刘云亭,也死了,可他也或多或少地影响了沈从文,在沈从文坦率、真诚、认真又兼几分豪爽的性格中,应该多多少少地有一点刘大哥的影子吧。

　　船儿,载着沈从文几多思绪,向着湖南境界,游去了。

第十八章

冲破寂寞

回到湘西之后,沈从文又凭借着他的一手好字和吃苦耐劳的品质,被湘西巡防统领陈渠珍留在身边做书记。陈渠珍也是凤凰县人,此时他已担任湘西地区最高的军事长官。在军阀混战期间,一个地区的最高军事长官,实际上就是这个地区的"统治者",不单管军队,也可以管工业、管商业、管教育,做这个地方的一切行业的"保护神",各种军事的、政治的、经济的、文化的方针均由他来制定。所以陈渠珍也和其他地方的军阀一样,有大量的公文、信函往来。沈从文作为一名书记员,事情也就繁忙得多,每天都有许多抄写誊录之类的工作,如果来了加急电报或紧急公文,无论白天还是黑夜,沈从文必须抄写回文。按规定他是不能随便离开军部的。

军部设在一座孤山上面,沈从文就住在新建的会议室里,于是凡有会议需要记录时,如果机要秘书不在,那么记录的工作就由沈从文担当。

从表面看,沈从文被限制在一个狭小的地区,不能像过去那样在天地间自由来去。然而,就在他住的那所会议室内,另一片广阔的天地,向沈从文打开了大门。原来在这里摆列着大橱柜，楠木做的，古色古香；这些大橱柜里，放着百十幅古画，从宋代到明清的全有，还有几十件铜器和古瓷。此外，会议室内还有十来箱书籍，一大批碑帖，还有一套《四部丛刊》。陈渠珍好读书，是个儒将，他经常让沈从文为他做取书、抄录片断一类的事情。于是，沈从文便经常翻阅这些书籍，久而久之这些古籍他竟也能读懂大半。他还对书籍进行登记、分类、编写和安放之类的整理工作，俨然是一个图书管理员。图书管理员的工作使他充分地学习了古籍内容，这可是一个学者不可缺少的基础知识，属于"目录学"的范围。在这所会议室内，沈从文还得做古画、古董的登记工作，这无疑又给他带来许多文物方面的知识，因为这工作要求知道书画作者的人名、时代及其经历，要求能看懂行草篆隶以及印章款识，要求知晓器物的质地、工艺特点、产地、花纹以及它们的用途等，这些都需要丰富的文物知识与经验。日后沈从文那丰富的文物知识，可以说最初就是在这间会议室里，一点一滴地积累起来的。古画的艺术神韵，潜移默化地影响着沈从文的文学创作，使他的作品不乏美感，不乏诗情，不乏含蓄。而在这一段时间里获得的文物方面的知识，则对他后来成为一名造诣很高的文物专家，起了奠基石一样的作用。

学习知识使沈从文的性格发生着变化。他渐渐变得深沉，和一些老同事的交往越来越少，因为他现在需要获得的完全是另外一些东西，这东西在从前的熟人堆中寻不到。

沈从文到屋后的山上散步、去河边溜达时，手里总拿着一本线装书。他常常躺在一块草地上看书，看累了或是不耐烦了，便把视线转向天空，转向小河，看白云在空中慢慢移动，看漂在水面的菜叶随了河水缓缓流走。

这段时间，他很寂寞，心中也烦乱，很需要有人能和自己交流，但他身边缺少这样的人。这时候沈从文的父亲已经从北方来到沅陵，在军队里做军医，母亲与九妹也都住在沅陵。全家人对沈从文仍然很好，丝毫没有因为他给家庭造成损失而记恨他。但仅有亲人的爱是不够的，他无法排遣这份无名的寂寞。军部附近有一处景色极佳的狮子洞，那里有三间建于清朝乾隆年间的书屋，书屋内住了一位湘西的著名学者，名叫聂仁德。聂仁德与熊希龄是同科贡士，曾任湘西第一任民政长、湖北监利县县长。沈从文经常到河对岸去找聂仁德，听他谈宋元哲学、佛理还有包括进化论在内的西方近代科学。沈从文边听边提出许多问题，他们每次谈话的时间都很长。沈从文从聂仁德那里明白了许多道理，获得了不少知识，但毕竟不能解决他的所有疑惑。对世物道理知道得更多更深以后，沈从文所希求、向往的也更多更广了，心中的寂寞反而加深了。

很多人都认为沈从文变了，变得十分的古怪，只有四个朋友还真正地理解他，他们多少使沈从文得到了一点安慰。他们就是一心想做模范军人的满振先，崇拜侠客并且自己也很有侠义之气的陆弢，沈从文技术班同学、美术学校学生田杰，还有一个郑子参。这四个人和沈从文一样，都不安于现状，总觉得眼前的生活过于平淡，他们愿意冒险去做一件事，即使不成功也不会埋怨命运。五个好朋友时常一块儿出去散步、谈心、游玩。

就在沈从文寂寞之际，又一个新世界向他打开了大门。陈渠珍热衷于他的"地方自治"策略，湘西开始开办各类学校、军校、林场、工厂，还开办了一个新报馆。报馆要不断印行"乡治条例"和各种规程，这些文件大多又是由陈渠珍亲笔写的，所以沈从文被暂时调到新办的报馆当了一名校对。在报馆，沈从文和一个工长住在一间屋里。工长是长沙人，受过五四运动的影响，在宿舍里摆放了不少新书新杂志。开始时，工长看他的新书，沈从文看自己的旧书，后来二人渐渐熟悉，沈从文那好向人发问的习惯又来了：

"你那本封面上画着打赤膊人像的书，是什么？"

"是《创造》。"

"那，这本书写的什么东西？"沈从文指着一本《超人》问道。

"哎呀呀，你怎么回事情，一个天下闻名的女诗人……也不知道么？"

"我只知道唐朝女诗人鱼玄机是个道士。"

"新的（诗人）呢？"

"我知道随园女弟子。"沈从文说的是清朝的女诗人。

"再新一点？"

沈从文有些害羞地摇了摇头，在人家面前，自己显得什么也不知道。听了工长的指点，他看了一篇短篇小说，总算领略、接触了一下新文学。看完后，"乡下人"沈从文仍不知足：

"这个我知道了，你那报纸是什么报纸？是老《申报》吗？"沈从文这么问，因为他只读过老《申报》。

工长一言不发，只把一摞整理好的《创造周报》推到沈从文跟前。

沈从文最初深有感触的，是白话文与文言文不同的地方。"我知道了。"沈从文有了他的心得体会，他看出来文言文用"也"用"焉"的地方，白话文却是用"呀"用"啊"，而且文言文写一件事说得越少越好，白话文却是说得越多越好。

"是不是这样？"沈从文很认真地问那印刷工人。

"差不多吧。"工长觉得有点好笑，"不过白话文最最重要的，是要有思想，如果没有思想，就成不了一篇文章。"

沈从文又感到有点不好意思，他不怎么听得懂工长说的新名词，不明白什么是思想。但他很快就渐渐有些明白了，不久，他就放开了旧书，转而喜欢看《新潮》《改造》

那样的新书了，在新书面前他开始折服了。另一扇门的打开，使沈从文发现，在同一片蓝天下边，在另一块天地之上，还有很多人在批评着现在的社会，在追寻、幻想着一个理想的未来社会。沈从文不仅看到了很多新事物，而且知道了不少新人物，他崇拜这些人物，很愿意也像他们一样做事、生活。几天后，他便把自己一个月的薪金，全部寄往上海，捐款办学。这是沈从文受到五四精神影响后的第一个行动。这行动从哪儿来的？从新书从新报纸上来的。沈从文隐约觉得，他快找到医治自己"寂寞"的药品了。

十多年后，沈从文回忆当时的情形说，由于看了这些新书，他的心灵得到了启发："知识同权力相比，我愿意得到智慧，放下权力。我明白人活到社会里应该有许多事情可做，应当为现在的别人去设想……应当如何去思索生活，且应当如何去为大多数人牺牲，为自己一点点理想受苦，不能随便马虎过日子，不能委屈过日子了。"

第十九章

走出湘西

就在沈从文饶有兴味地阅读起新书、新报刊,接触郁达夫、郭沫若等人的作品的时候,他又被调回军部继续做书记工作。那正是春夏之交,沈从文的缮写任务异常繁重,逼得他不分昼夜地苦干,有时一个晚上要抄百十件命令。终于,他病倒卧床了。

又是一场伤寒病,幼时的那次伤寒病差点夺去他的性命,而这一回病得丝毫不比那一回轻。不同的是沈从文已经长大,对病情的感觉记得更为清楚。持续不退的高烧烧得他好长时间都神志不清,根本不能吃下任何一点东西。他的头在剧烈地疼痛着,只觉得是有柄利斧在劈自己的脑壳,一阵阵炸痛令人无法承受。鼻血不停地流,弄得他浑身无力,头也晕乎乎的。整个人瘫了般地躺在床上,连说句话也很困难。

在最危险的那几日,沈从文不停地在想:看来这一次要过不去了。难道,就这么死了吗?大概人死就是这个样子的。伤寒病轻一阵重一阵,足足折磨了沈从文四十多天。如果他不是在几年前参加预备兵技术班,练就了比较强壮的体魄;如果没有数年来的军旅生活使他的意志力得到锻炼和培养，他几乎是无法熬过这段漫长的痛苦过程的。他打心底里感谢以往艰苦的生活历程。另外，沈从文也打心底里感谢他的几位好朋友——满振先、陆弢、郑子参和田杰。是他们每天焦急地守候、照顾着沈从文。尤其是那位回族同乡郑子参，为他熬药汤、接污物，简直情同兄弟一般。

总算是大难不死，沈从文生生挺过了这一关。待他身体稍稍恢复的时候，满振先、陆弢、田杰几个朋友来找他出门了：

"走走走，去河边走走。"

初夏的河边，确实比别处凉爽一些，沈从文觉得有点累，靠了块石头休息。河面约有五百米宽，由于昨夜下了一场雨，河水涨了不少，水流也比平时急了许多，连声音都有些不同。撞在石壁上的水流，还不断地形成漩涡，转动着流向下游。

沈从文等人看到这阵势，谁也不敢下水。体魄强壮、性格爽朗的陆弢却耐不住性子，纵身跃入水中。谁知陆弢一入水，就再也没有浮上来。沈从文的眼睛越睁越大，当他意识到好友陆弢确实遇难后，沉重的打击使他几乎再次垮掉。他想，苍天，你没有要去我的命，却夺走了我好朋友的命，难道你故意在捉弄、折磨我吗……

几天后，有人在下游的一个地方，发现了陆弢的尸体。沈从文、满振先、郑子参和田杰他们赶到时，只见陆殁已被泡肿了。他们怀着无言的悲痛埋葬了好友。望着新土堆起的坟墓，沈从文感慨良多，他对自己的生命也产生了疑问：如果我在这场伤寒病中没能挺过来，如果几天前不是陆殁而是我一头钻进洄流……这一切与我饿死在他乡，又有什么区别？

回到宿舍，沈从文躺在床上仍在想：

"若前些日子病死了，连许多没有看过的东西都不能见到，许多不曾到过的地方也无从走去，真无意思。我知道见到的实在太少，应知道应见到的可太多，怎么办？"

沈从文由床上下了地，出了门在军部里溜达。

"我想我得进一个学校，去学些我不明白的问题。"他想去些新地方，去一个可以使他耳目一新的世界。

沈从文来到水边，又迈上山头，夕阳将尽，带着一点点余晖，就要落下去了。沈从文生出一种需要尽快抓住什么的念头：

"好坏我总有一天得死去，多见几个新鲜日头，多过几个新鲜的桥，在一些危险中使尽最后一点气力，咽下最后一口气，比在这儿病死或无意中为流弹打死，似乎应当有意思些。"

沈从文就这样苦苦地思考了四天，才做出一个决定，他要向更远处走去，向一个陌生的世界走去：到北京去！去读书，读不成书的话就去做警察。如果，如果连警察也做不了，那我就真正地认输！从此不再向命运抗争，一切都听从命运的安排!

很快,沈从文面见陈渠珍,怯生生地把个人打算说出,他还很担心陈渠珍不会答应哩。当陈渠珍同意了他的请求并让他领取三个月的薪水时,沈从文心中升起一片感激之情。怀着振奋的心情,沈从文离开军部,坐船顺沅水直下沅陵,当时,他的父母还有九妹都住在那里。临去北京之前,他要向亲人告别。

在沅陵,沈从文见到了父亲。这时的沈宗嗣,比先前明显苍老了许多,眉宇间也少了当年的那股锐气。他的将军梦终究没能圆上,到今天他仍不过是一名上校军医;他平庸的生活和地位,远不能与其父沈宏富相比。谁都知道,军医的军衔绝非标志着他手下有多少兵,有多大权力,而是虚衔,只能证明医生的资格、医术及待遇而已。如今沈宗嗣不再强烈地幻想着光耀将军门楣的事了,更不拿这一幻想去要求他的孩子们,因为他也亲眼看到,在军阀混战、争权夺利的国内局势中,纵使当上一名将军,也很难做点利国利民的事业。当然,沈宗嗣平庸的现状,绝不说明他是一个平庸的人,且不讲在凤凰他曾参与的运动,他在北京时也曾与朋友组织了一个"铁血团",准备谋刺窃国大盗袁世凯。可惜的是,他们的计划被侦探发现了,当时沈宗嗣正在戏院里看谭鑫培的演出,幸亏有熟人通知,他才逃脱逮捕,免于一死。如果他们的计划进展顺利,沈宗嗣的名字或许会在中国近代史上被书写一笔的。

在外面闯荡多年后回到家中的沈宗嗣，如今看到自己的儿子又要外出闯天下了，他的心情复杂而又激动。他知道儿子要走的是另一条路，但具体这是条什么路，连沈从文自己也说不清楚，因为他只是强烈地觉得他要去北京读书，接受新知识，见见新世面，可是究竟读什么书，他心中并没有准主意。但是凭经验，沈宗嗣非常清楚，一个人只身在外闯荡，那是很难很难的。

天气已变得很冷，树叶和竹枝在风中发出哗啦啦的响声，有点像是暴雨打来。沈宗嗣同儿子坐在屋内，彼此久久不吭一声。刚才，沈宗嗣已经把出门在外，特别是在北京的一些注意事项简单扼要地讲完，顺带又介绍了一下北京的气候、地理、城市格局以及都市生活的大致情况。然后，他就陷入沉默。沈从文并不开口说话，他知道父亲并没有让他说点什么的意思，而且他了解父亲，父亲还有话要说呢。果然，父亲吸完水烟后又慢慢讲开了：

"岳焕，还记得黄罗寨乡下你奶奶的坟么？……"

怎么不记得？沈从文记得再清楚不过了，他亲生奶奶的坟墓就在黄罗寨附近的树林中间，按照当地风俗，每年的年三十这天都要给死去的亲人烧香烧纸钱。沈从文不止一次地去到那块不大的墓碑前，跪下磕头。

"不过你奶奶没有埋在那里，那座坟是座空坟，她现在是死是活我也不清楚……"

沈从文虽没露出惊讶的神色，可他分明在仔细听着。

是的,他在听着,听他从来不知道的实情。

祖父沈宏富没有后代,沈从文的亲生爷爷是沈宏富的弟弟沈宏芳,这他知道。但沈从文不知道亲生爷爷沈宏芳为了生育后代,另娶了一位苗族女子刘氏,是她生下了他的父亲沈宗嗣。对于这件事,沈家不但对外界保密,就是对家族里的人也不轻易提起。没有人知道刘氏为沈家生下了孩子,人们只知道刘氏到沈家不久,便"病故"了。

刘氏"病故",沈从文知道,还在她的坟前磕过头。但沈从文不知道,刘氏——他的亲生奶奶其实并没有死,而是在某一天,神不知鬼不觉地被悄悄领出沈家,嫁到很远很远的地方去了。于是,一个为沈家生育过后代的人消失了。从此沈宗嗣永远离开了他的亲生母亲,沈从文永远离开了他的亲奶奶。因为,沈家的人为了子孙们的前途,为了沈宗嗣、沈从文他们将来不至于因血统失去读书考试当将军的资格,必须要把刘氏偷偷送走,越远越好,不让任何外人知道。

"……就这样,家里为你奶奶在坟地里,修了那座假坟,就说她是病死了。"

沈宗嗣很艰难地述说完他和儿子的真实身世,天也黑下来了。又是沉默,屋外依旧传来风扫树叶的声音。沈宗嗣点亮油灯,父子二人的面容在灯光下重新现出,他们都是那么平静,竟没有一丝的痛苦或是激动。旧时代的湘西社会里,买卖人口的事情,实在是太多太多,显得太平常太平常，没有人认为这是一件不合理的事。更何况，刘氏在沈家的遭遇发生时，沈宗嗣还是个嗷嗷待哺的婴儿，沈从文还远没有降临人世。好在社会向前发展，沈从文已开始接受新思想的熏陶，他不再会因为有苗家血统而失去寻求知识、寻求发展的资格与机会。他更不会因为自己的苗家血统，而像祖辈那样自卑，在人面前抬不起头来。就算沈从文早些知道这一切，他也不会。他虽然不善言辞，在人们面前不时会显出羞怯的样子，但他的内心是坚强的，甚至坚强得有一点傲气。这，才是沈从文的内质。

几天后沈从文拜别父母，踏上去常德的路途。他将在常德登船，辗转数省到北京。沈从文，这个身上流着苗家血液的乡下小伙子，依旧是背了个小包袱，满怀着希望离开湘西，朝着他所向往的远方，去了。

第二十章
好大一座城

走出前门火车站（旧北京的火车站设在前门外东南角处），沈从文直感到头脑发胀眼睛发花。好家伙，这么大的一座都市。他站在前门广场上，注视着车水马龙、川流不息的街道，汽车、三轮车、人力车、马车还有自行车混杂在一起，街道两旁也是熙熙攘攘的过往行人，真是新鲜又刺激。但是人们匆匆往来，都好像在急着赶自己的路、办自己的事，几乎没什么人注意这个站着"发傻"的乡下小伙子。沈从文不觉间有了一种被排斥的印象。他抬起头来仰望高大的前门箭楼，心中又是暗暗惊骇，他还从未见过如此巍峨庞大的建筑，仰视它会觉得它高耸入云，平视它会感到它咄咄逼人，一队运货的骆驼响着叮当的铃声从它面前缓缓走过，竟显得那么渺小。

这就是北京啊。他从书本上早已知道，北京是座人口超过百万的古都。远在春秋战国时期，她就是燕国的都城，那时叫"蓟"；在辽代，她作为陪都，叫作南京（辽代国都"上京"位于今内蒙古自治区巴林左旗南边）；她是金代的"中都"；元代的"大都"；在明、清两代五百余年的历史中，统治者都把首都定在北京。北京，是最有

"帝王之气"的城市,也难怪沈从文乍一来到这里,会感到不知该怎么办才好呢!

这是1922年的北京,中国最后一个封建王朝清朝刚刚灭亡十余年,京城里到处都可看到脑后拖根长辫子的遗老遗少,女孩子还在缠小脚,封建思想、封建势力仍旧强大。但是,爆发于1919年的五四运动,也是以北京为发源地的,这场运动刚刚过去三年,新思想已深入进步人士、进步青年的心灵,新文学正在茁壮成长,"民主与科学"的口号已经响彻全国。沈从文就是在这个时候,来到了新旧混杂的北京城的。

"我该往哪里去呢?"沈从文面对着这个繁华的都市,不知道第一步该向哪里跨。

"先生,先生,您打算上哪儿啊?"一个拉排子车(一种双轮平板运货车)的苦力操着口京腔问沈从文,他一眼看出沈从文是个乡巴佬后,便主动上前揽生意。沈从文刚说了"西河沿"三个字,拉车的马上说道:"不就是西河沿吗?快上车吧您呐。"

于是沈从文便上了车,他还不知道在北京城这种车是专门运货的,从未有人花钱坐排子车。一路上,不少人抬眼看这个外地乡下人坐排子车。但沈从文并不晓得,此时他在别人的眼中是多么可笑。不长时间西河沿就到了,总共不到两里的路程,拉车的却敲了沈从文一大笔车钱,足够雇辆人力车(旧时称作"洋车")绕着北京城转一圈的了。

在一家小旅馆里,沈从文在旅客登记簿上填写道:

沈从文,二十岁,学生,湖南凤凰县人。

在旅馆服务员的引导下,沈从文住进一间极普通的客房,他没注意到服务员退出时,对他投以漠视的眼神,他只顾观看这间房舍——还算干净。沈从文把小包袱往床里一扔,就躺了下来。他感到十分疲惫,急需休息,是呀,从湘西一路辗转,已经整整赶了十九天的路了。身子一阵松弛,他歪倒在床,打上了瞌睡。

忽强忽弱的喧嚷声,惊去了沈从文的困倦,他侧耳一听,是隔壁传来的声音。好像是店主人在催房客交房钱,房客一时交不上,在那里解释着什么。沈从文在外多年,这类事也没少见过,知道房客欠房钱的苦恼,交钱交不出,可时间越拖欠钱也就越多,很是叫人挠头的。过了会儿隔壁房间打开,店主带了服务员来到院中,回过头来对房客说:"我们可是小本经营,这房钱您可不能总这么拖着,要不然您找亲戚朋友借,或是有什么值点钱的把它卖了,不也是个法儿吗?"服务员跟在店主身后小声嘟哝着:"赶明儿我们这儿都成救济所了,哪儿的事儿呀。"

外头安静下来,沈从文的心情却不能平静了。唐代诗人白居易初到长安时,有人就拿他的名字开过玩笑,说"长安米贵,白居不易",那意思是说,京城生活费用昂贵,白吃白住可不容易。这个道理沈从文是知道的,所以，来北京后他所做的第一件事，就是去找他的大姐沈岳鑫和姐夫田真一，当时他们暂住北京。当姐夫听沈从文说他到北京想要寻找理想、上学读书时，十分怀疑地说：

"嗐，读书，你有什么理想，怎样读书？你可知道，北京城目下就有多少大学生，毕业后无事可做……"

虽然姐夫给沈从文描绘了一幅可怕的图景，沈从文却表现得异常坚决："六年中，我眼看在脚边杀了上万无辜平民，除了对杀人的人留下个愚蠢残忍的印象，什么都学不到！做官的有不少聪明人，人越聪明也就越纵容愚蠢气质抬头……"沈从文说得有些激动了，"我实在待不下去了，才跑出来，我想读点书，读好书救救国家。国家这么下去实在要不得！"

沈从文的一席话倒真有点慷慨激昂，大姐、姐夫一时都不出声了。他们没有想到，相隔几年，这个昔日调皮逃学的"猴儿精"二弟，如今变得这么有抱负、有思想。他们简直为沈从文的变化感到惊讶，对这样一个人，他们还能说什么呢？

不久，沈从文又从旅馆搬到前门外杨梅竹斜街的西西会馆。当年，沈宗嗣就曾住在这里，和同乡阙祝明等人商议组织"铁血团"。现在沈从文又来到西西会馆，但他并没完全踏着前辈的脚印走，他要走的是读书救国的路。西西会馆是清代湘西人出钱修的，专为湘西人进京考试、办事提供住处。所谓会馆就是旧时代由同乡或同行的人，在京城和其他大都市设立的一种带有福利性质的机构，主要用会馆的房屋供同乡或同行聚会、寄宿。沈从文搬到这里，是因为可以不交租房钱。他现在要尽量节省资金，以便实施他的计划，求学读书。

会馆不收房钱，但也不提供取暖的炉火。待到沈从文搬进会馆的这一天起，他才真正领略到北方冬天的寒冷。屋内四壁都透出冷冰冰的寒气，他搓着双手转了几遭，发现实在太冷，无法坐在小桌前做点什么。

"好冷啊。"

他说着，一头钻进被子，看起书来。

第二十一章

最初的文学生涯

沈从文在北京的求学梦，破灭了。

在湘西，沈从文是从报纸上的消息中，得出一个印象：北京有许多学校可供选择。他认为那些都是真的，于是他不远千里、丢下了还说得过去的职务，上北京求学来了。但是来到北京，他才发现，可供选择的学校的确不少，但是他太穷了，而且沈从文在湘西从未上过正式的新学，当然也就考不上大学。即使沈从文在私塾规规矩矩读书，他所学的那些《论语》《诗经》《幼学琼林》之类的过时知识，也无法帮助他考入新型的大学。

连一纸中学毕业文凭都没有的沈从文，却一心想寻一所大学读书，换作别人早就知难而退了，而他依然不懈地努力和尝试，这，就是沈从文！一次次考试，一次次落榜，几乎身无分文的沈从文强忍着内心的伤痛。有一回他考中一个"中法大学"，有可能被送往法国留学，然而他交不起学费，只能眼睁睁地看着"机会"从手边滑过。北京也有不需考试就可以上的大学，但这样的学校需要的是门路，像沈从文这样在北京举目无亲的乡下穷小子，根本就不敢去想。年轻而瘦小的沈从文，在偌大一座北京城中，一次次地碰了钉子。

干枯的树枝被寒冷的狂风掠过，战栗般地摇晃着，西北风发着哨般的声响一阵又一阵猛扫着京城的街道和屋顶。北京一到冬天，风沙特别大，有"土城"的绰号。在大风天走路，人嘴里牙间会觉得咯棱棱的，鼻翼两侧会留下两道灰印，回到家后不马上洗脸，一会儿就能从眼角抠下两个小土球或小土棍，用指头一捻就可看清，都是金黄金黄的沙。不过最让人"憷头"的还不是这个，而是寒风的那股透入骨髓般的冷劲。那可是真冷呀，干硬的风打在脸上生疼生疼，在大风地里走一遭，双手会被冻得僵硬，半天不能弯曲。

每天清晨，沈从文就是冒着这样的寒风走出会馆，徒步走出几里地到宣武门内的京师图书馆看书自学的。这时候当地人都穿上了厚厚的棉袄棉裤和棉鞋，沈从文却裹紧了身上的单衣，快步在寒气逼人的路上紧走，每回经过宣武城楼那高大深长的大门洞都是一关，因为那里是风口，风像小刀子一般割耳朵，沈从文几乎是屏着气才能通过那阴森森的大门洞。也真难为这个南方青年了，他每天的食物差不多顿顿是干馒头就着老咸菜，那时的人们不懂什么叫食物热量，沈从文也不懂，他是靠了自己年轻的旺盛的生命力，才把这点食物转化为热量，与北方的寒冷对抗的。

好在图书馆里有炉火取暖，还有免费供应的开水喝。

这里，是沈从文取暖的唯一去处。而他住的房间内连这点好处都享受不到，洗脸水如不倒掉，半夜就会冻成一盆冰。图书馆成了沈从文的"天堂"，不仅因为这里还算暖和，更因这里的书山宝藏取之不完、用之不竭，熊捷三的书房和陈渠珍的书箱根本不能与这里相比，这儿才是博览群书的最佳去处。

阅览室极其安静，来借阅的人也不多。炉子上经常置一洋铁皮壶，水一开便无声地冒着白色的蒸汽，润湿了充满室内的书籍的油墨香味。沈从文很高兴到这里来，湘西哪有这么好的读书地方，这么多的藏书馆阁。图书馆的工作人员对常客都认识也很客气，大家虽彼此不多说什么，但沈从文每每走进阅览室，都会看到工作人员对他报以一个善意的微笑，或是礼貌和蔼地点头致意。这种人际关系在外边则很少见，当时北京城充满了腐败与人间的种种丑恶，唯有类似图书馆的地方才可算是一方净土。沈从文在图书馆看了许多书，《小说大观》《笔记大观》等全是在这里读完的。

整整半年的时间里，沈从文几乎都是在图书馆"泡"着，读了大量中外文学作品，对新文学和旧文学也进行了比较。他越来越感到有一种冲动，这冲动以前也有，但没这么强烈，而且也说不清楚；现在他渐渐明确了这种冲动的意义——那就是他在湘西从新刊上接受的"文学革命"思想。沈从文总是一个人独坐屋内苦苦思索，站起来走几步又坐下。他多么希望能有个知心谈得来的朋友在身边呢！可在会馆里住的大多是在北京当小职员的同乡，他们跑到北京为的是当官发财，满脑子想的与沈从文大不一样，又怎么能坐在一起畅谈文学？

读北京农业大学的表弟黄村生来了，见沈从文陷入孤独苦闷，他也很着急："二哥，换个地方住吧。"就这样，黄村生为他在沙滩附近的一个胡同里找了间小小的公寓房。这间房小得不能再小，放下一张床、一张桌子，剩下的地方就不多了，连墙上的窗户都是临时打开的。因为它原先是存放煤块煤球的屋子，又十分狭窄，沈从文给它起了个屋名"窄而霉小斋"。虽是"窄而霉"，这里距离位于沙滩的北京大学红楼却很近，在地理位置上接近了那座高等学府。在这附近，到处都住着来北京求学的青年，洋溢着新思想新风气，沈从文也结识了一些上进的青年，不仅扫去了孤苦感，还增长了许多见识。更重要的是，当时的北京大学采用开放政策，允许旁听，对不注册的旁听生也不加以限制。一时间，北大云集了很多学子，中国许多在世界上享有盛誉的专家学者，当年都曾在北大做过旁听生。沈从文也到北大旁听国文、日语、历史和哲学。

沈从文这时把更多的精力放在文学创作上。他认为改造社会的工作，必须从文学开始，用新文学去激扬起民族的感情，恢复被扭曲的理性。他相信人类的热忱和正义必将占领上风，爱能重新联络起人与人之间的关系。他正是因为怀着这么大的理想和抱负,才有勇气在他的"窄而霉小斋"里,铺开了第一张稿纸。

夜以继日地写作,有难以述说的辛苦,何况沈从文是啃着馒头、就着咸菜在工作的,他只能以自己的身体健康来"换取"一部部稿子。有人问国外的一位著名作家,您认为当一名作家最重要的条件是什么,那位作家不假思索地回答说:一个健壮的身体!可瘦小的沈从文熬得头晕眼花赶写文章,却全凭坚定的信念在支撑。

公寓的院落静静的,那些求学的外省青年,有的出去逛北海公园,有的到剧场看戏,只有少数人留在屋内苦苦读书。沈从文也端坐桌前,一边研墨一边构思他的文章。他想要写的太多了,他有太多的话要说给人们,他想写几年来看到的野蛮和血腥屠杀,想写地方军阀统治下的种种黑暗与丑恶,想写乡间贫苦百姓的苦难和不幸,也想写他们的愚昧与无知。沈从文想反映人们美好的愿望,想描述家乡的秀丽,想记叙自己童年的趣事,想追忆对亲情友谊的流连。沈从文想啊想,写啊写,他要写,他能写,他也敢写。一篇篇文章收笔,沈从文脸上一次次展现出倦容与笑意。

下边的事就是投稿了,沈从文一边写着,一边又把写好的文章装入信封,试探着给北京的杂志和报纸的文学副刊寄去。他像养鸽人看着自己的小鸽子一只只飞上天空那样,送出自己用汗水浇出的稿件。他盼着小鸽子带着喜讯返回，盼着在杂志、报纸上出现小鸽子的影子。时间在一天天过去，文章却都没有任何消息，仿佛遇难的鸽子一样，踪影全无。沈从文开始确信，这些稿子人家都没有采用。他把大量的时间与精力投入到写作之中，可这些劳动成果并没给他带来任何好处，他在全力以赴地赶写稿件的时候，经济困难带来的饥饿，却像幽灵一样悄悄向他逼近。有一天他突然发现了问题的严重：搜遍了衣兜的每一个角落，只汇集起不多的几个铜板，这点钱连一天也维持不下去了。沈从文开始品尝饿肚子的滋味了。

"沈从文，沈从文。"几个朋友来到"窄而霉小斋"门外，他们都是住在附近公寓的学生，已经好几天没见到沈从文了。沈从文无言地推开小门，这几天他每日只吃一点点东西，身上早就没劲儿了。

"又饿饭啦？走，跟我们吃饭去。"

"一猜你就没吃饭，小心莫把眼睛饿蓝喽。"

"你这个人呀……"

朋友们不容分说，拉了沈从文到小饭馆里，让他饱餐一顿。没有人笑话沈从文，没有饭吃的穷学生在北大附近的公寓里，绝不罕见，实在没办法的时候，只能依靠朋友、同学、同乡们来帮助，而且帮人和受到帮助都是司空见惯的事情。受人帮助的，不必千恩万谢；帮别人的，也根本就没有让人感谢他的意思，总之大家携起手来共渡难关就是了。

饥一顿饱一顿，有一顿没一顿的生活，丝毫没有打消沈从文的写作热情。相反，他倒拿出了更多的精力投入创作，尽管稿件不断被编辑扔进纸篓，他还是痴心不改。这里边固然有实现文学革命的理想作为动力，也有赚取稿费的希望在驱使着他坚持不懈，他太需要钱了。然而命运捉弄起人来，是那样的无情，有一回沈从文得知了一个不好的消息。

当时担任《晨报副刊》负责人的孙伏园，有一次当着众多编辑的面把沈从文寄来的十几篇稿子，摊成长长的一列，操着讥讽的口吻说："这是某某大作家的作品。"说完他把这些稿子敛起来揉成一团，扔进了字纸篓。

听到这个情况，沈从文心里很不好受，他闷闷不乐地在外面走，一个人从沙滩一直转到紫禁城的护城河边。虽是正午时分，空气仍然很冷，倒容易使人清醒。沈从文一腔热血地扑向文学事业，却没想到受了这么多打击，而且还得饿肚子。他感到姐夫说的一点不假，北京可不是个容易混的地方。别看沈从文外表文质彬彬，可他有湘西人的那股子顽强劲。望着护城河刚刚结起的冰面，沈从文不一会儿又恢复了常态：冰冻三尺，非一日之寒，失败了再干，跌倒了爬起来，这没有什么，天下并没有发生什么大事嘛。

沈从文把烦恼事往身后一丢，回他的"窄而霉小斋"写文章去了。

第二十二章
"我是郁达夫"

文章还在写,却依旧得不到发表。肚子不能等待事业成功了再向主人讨饭吃,沈从文不得不时常到处找朋友、熟人,住上几天,跟着一块儿吃饭;有时也向北大附近的小饭馆赊账。当时北大周围有不少小馆子,主要面向学生,供应一些价格低廉的饭菜。为了尽可能招徕常客,对那些一时交不上钱的学生,也采取赊账手段,让他们先欠着,待到有钱时再还。钱未还时除了在小黑板上记着"×××欠账多少元"以外,绝不会上门追讨,即使有的学生最终不还,一年下来小饭馆还是有钱可赚,因为他们的饭菜成本很低,只要来就餐的人多,就不会赔本。沈从文也正是在这么一个有友爱、讲文明、相对宽松的环境中,才熬过了两年多的可怕的饥荒日子,没有成为饿死鬼。

当然,在这赤贫的状态里,沈从文不可能百分之百地投入到创作状态中。他打过半工半读的主意,起过当警察的念头,他也曾四处去求职,结果除了在一家印刷厂做了一段时间工之外,其余的全都失败了。沈从文也还有混碗饭吃的机会和办法,比如他只要回到湘西,陈渠珍会随时接纳,给他安排事情。即使在北京,也常有军阀派人出入闹市，就地招兵。但沈从文已不是起初那个为了当兵吃粮听凭安排的沈从文了。

有一次，他在街头遇见一群衣衫破烂的人，跟在一个持小旗的军官后边，旁边还有几个吹鼓手吹吹打打奏着五音不全的曲子。他知道这又是一伙招兵的，沈从文本想拔脚离开，忽听到那小军官喊：

"走走走，跟我走，当兵的吃饭不发愁啊，每月还能发军饷，响叮当的大光洋……"

当时沈从文正饿得前心贴后心，一个在饥饿中挣扎的人，听到有饭吃，怎么会不心动？他本能地跟着招兵的行列后边，来到一个临时设在小旅馆的招兵站接受站队排练。简单的练习之后，有人吹哨，让大家领伙食津贴。沈从文快排到的时候，看见前头的人按完指印，才领一份钱。他一震，清醒了许多，这不是卖身吗？这不是走回头路吗？与其千里迢迢跑到北京来当兵，何不当初就别离开湘西！沈从文啊沈从文，你的理想就这么放弃啦？

"走啊走啊！"后边的人在催促他往前挪。沈从文转身离开队伍朝另一方向走去，身后传来唤他的声音："上哪儿去？别走哇！"他理也不理，径直离开了招兵站，回到公寓。刚才发生的事，使他暂时忘却了饥饿，躺在床上左思右想，沈从文还是感到自己选择的是对的，决不能再去当兵。他要做一名新式知识分子，成为一个作家。既然抱定了信念，不论遇到什么样的困难，也不能丢！

寒来暑往，春华秋实。沈从文的作品终于开始出现在报刊之上。如今能找到的沈从文的第一篇刊出作品，就发表在曾有人当众奚落他的《晨报副刊》上。由此可看得出，沈从文的确有一股不屈不挠的犟脾气。不过，沈从文此时毕竟属于初登文坛，还很稚嫩，而且他又是个单打独斗的"独行侠"，在文坛上和哪个派系都没瓜葛，所以他的文学之路走起来又比别人多了一分艰辛，多了一分沉重。初期沈从文发表东西不多，所得的几个菲薄的稿费，说实在的，还不够他自己糊口的呢。贫困和饥饿，依然时时威胁着这位文学青年。1924年冬季，沈从文已经在艰难困苦中挣扎了整整两年，仍然无法摆脱眼前的窘困，他非常想找人倾诉一下个人的理想以及当前的处境，便给著名作家郁达夫和其他几位名作家写信，谈了自己的情况。郁达夫原名郁文，是沈从文的文学前辈，他从1911年起开始发表诗作，1914年在日留学期间开始了小说创作，后又与郭沫若、成仿吾、张资平等人酝酿成立了新文学团体创造社。他一生创作了大量的小说和诗歌，同时也是一位优秀的文艺理论家和翻译家，在他和沈从文相识的时候，已发表了早期代表作、小说《沉沦》和《春风沉醉的晚上》。那时郁达夫正在北京大学任教，接到沈从文的信后，郁达夫很受触动，当晚便来到"窄而霉小斋"。

沈从文永远也忘不了那个飘着白雪的夜晚，门响处，一位年近三十的人，正站在门口。沈从文放下笔，搓着几乎僵直的手问：

"找谁？"

"请问，沈从文先生住在哪儿？"

听是找自己的，而且唤"先生"，沈从文重新打量了一下这位清瘦的来客："我就是。"

"哎呀，你就是沈从文，我看过你的文章。"郁达夫说着已经跨入屋内，"我是郁达夫。"

是郁达夫先生！沈从文非常高兴，他怎么也没想到，郁达夫收到他的信后，这么快就来啦，可见他是一位多么富于同情心的人呐。沈从文很感动，可该让郁达夫坐哪儿呢？屋里连只火炉也没有，在雪夜之中显得愈发阴冷。郁达夫倒是不在乎这件事，随便拣了地方坐下，沈从文这才感到自然一点。

随后，郁达夫请沈从文谈谈自己的情况。沈从文早就有一肚子的话想向人倾诉，他略想了一下，便从自己离开湘西千里迢迢奔赴北京的理想和打算说起，一直说到他现在的困顿情形。郁达夫听得很仔细，显然，他十分关心眼前这位青年的处境，他很同情沈从文，不时地问上一两句。沈从文一口气诉说完自己的情形后，突然停住了，他把要说的说完，不知道下边该说什么？小屋里一时没了声音，郁达夫似乎还在思考着沈从文刚才讲的话。这时候，公寓厨房里传来炒菜铲敲打炒锅的声音，郁达夫意识到该吃晚饭了，随口问道：

"你在公寓吃包饭？"

"不。"沈从文摇了摇头。

郁达夫又是一阵沉默，他全明白了，这个时候仍待在屋里不出去吃饭，眼前这个年轻人已经山穷水尽了。郁达夫邀了沈从文来到街上，天空还飘着雪花，他见沈从文衣衫单薄，一句话也不说便将自己的羊毛围巾摘下，给沈从文披上。两个人在一家小馆子吃了晚饭，郁达夫拿出五元钱结账，然后又把找回的三元多钱塞给沈从文。临别时，郁达夫又对沈从文说了几句安慰和勉励的话，要他"好好写下去"。沈从文十分感激地看着郁达夫的背影，直到他消失在静静的雪夜之中。

了解了沈从文的境遇，郁达夫回到家，再也抑制不住心头的激动，当晚便写下一篇题名为《给一位文学青年的公开信》的著名文章。文章抨击了社会的黑暗、无情，并赞扬沈从文"坚忍不拔的雄心"。这以后，他又从道义上和其他方面，帮助了沈从文，他和文坛上的另一位名人——诗人徐志摩，都关心过沈从文的文学创作。当然，这些都是后话了。

那天晚上，沈从文送走郁达夫后，回到了他的"窄而霉小斋"，终于控制不住内心的冲动，伏在桌子上，失声痛哭起来。他还从来没有这么哭过，只不过这哭声不全是为了自己的苦境，也含有一种获得同情后的心酸与安慰。哭后，一切的烦恼暂时都抛开了，沈从文感到一种近两年来少有的轻松……

雪，停了。小屋内，一灯如豆，在凝冻的冷气之中，悠然地发出微微颤动的荧光，很像一颗恢复了平静的心脏，继续按照平日的节律，跳动着。

第二十三章
香山上的故事

沈从文的文章开始不断地出现在报刊上面,他的创作势头在逐渐增强。但是,他的处境并没有因此而改善多少。身为一个逆境中的自学青年,沈从文依然在为了生存而挣扎、而绞尽脑汁。沈从文虽然没有去当兵,但他也没有停止到处求职,只是他的运气不好,常被人拒之门外,连个跑腿听差的事情也找不到。由于经常交不上房租,由于不堪房东的冷言冷语冷面孔,沈从文不得不从一个公寓搬到另一个公寓,不论搬到哪里,他的房舍一律称作"窄而霉",因为沈从文租不起像样些的房子。沈从文为饥饿所迫,还不得不经常在开饭的时刻,拜访他的同乡和朋友,那用意是不言自明的。不过这也算不上多么丢脸,当时北大一带的穷学生多的是,都得"出门靠朋友"。何况沈从文也不是那种知恩不报的人,他的许多朋友都是在校的中文系学生,然而就中文来讲,水平都远远比不上沈从文。于是,沈从文也常替他们写作文、做作业、答试卷,甚至代写情书。而他的朋友们也乐得逍遥自在,"省"出时间来去看电影、看京剧或是逛公园。

沈从文的作品确实出色,他的一篇文章《遥夜》还引起了北大哲学系著名教授林宰平的注意,初时林教授还把沈从文当成大学生了。林宰平在报上著文,评论赞扬了沈从文的作品,客观上提高了沈从文的知名度,他还热情地邀请沈从文到他家里,两个人畅谈了一个下午。林教授惊异地发现,坐在他面前的这个文静、瘦小的年轻人,原来不是什么大学生,而是一个身处逆境自强不息的文学青年。林宰平很是感动,他鼓励沈从文抱定自己的理想别放松,坚持下去。

为了帮助沈从文解决实际生活问题,林宰平又把沈从文的困境对梁启超讲了,梁启超便把沈从文引荐给熊希龄。此时熊希龄办的香山慈幼院正好缺少一名图书馆员,于是沈从文就在熊希龄开办的机构里做事情了。熊希龄本与沈从文有亲戚关系,可是沈从文来北京后,一直靠自己奋斗,直到林宰平、梁启超出面介绍,他才投奔到熊希龄的门下做事,由此也可看出沈从文的个性。

香山,位于北京郊外的西山,是北京的著名风景区,这里自然风光秀丽,漫山遍谷的苍松翠柏,涌泉溪流和小瀑布到处可见。春夏之交时,百花盛开,垂柳如烟;秋高气爽时,满山红叶如火如锦,徐徐的秋风吹动树枝,山谷传出萧萧的松涛;到了冬日,雪住天晴,香山又呈现一派银装素裹的壮丽景象。香山自古以来,曾长期被封建统治者霸占为私有,清代的乾隆皇帝花巨资在香山脚下扩建园林,命名"静宜园",耗费了难以估算的人力物力。之后帝国主义侵略者入侵北京,香山也曾两次受到侵略军的破坏,静宜园几乎被毁坏殆尽。到了"民国"时期,在反动统治的年代里,军阀、官僚、政客、资本家又成了香山的新霸主,他们各占一方,建造别墅山馆,这时熊希龄正在北京主办慈善事业,他在静宜园建立了一所"香山慈幼院",收容孤儿。

由于沈从文与熊希龄有亲戚关系,又有梁启超等人推荐,因此沈从文上山后,熊希龄对他还算客气,有时熊希龄还把沈从文叫到他所住的公馆——香山双清别墅,谈论天下大事到深夜;有时熊希龄、沈从文二人还坐在古松树下,或是山路的石阶上谈时事、讲哲学、聊佛理。这时候,熊家上上下下因看了熊希龄的态度,从熊的妻、妾到管家、用人,对沈从文也都客气三分。

初到香山,沈从文对他的新环境也挺满意,这里风景宜人,空气新鲜,又远离了城市的喧闹,正适合他写文章搞创作,再加上有了固定职业,吃喝不愁,不必再为柴米油盐的琐事操心,所以沈从文的文学创作又进入了一个高潮阶段。然而,香山慈幼院也不是世外桃源,生性耿直的沈从文很快就与这里的一帮势利小人产生了矛盾。有一天,沈从文到香山的剧场看戏,进门后见前边有空位,便拣了个好位子坐下。不一会儿,慈幼院的教务长也来了,出于礼貌,沈从文刚想朝他打招呼,就见教务长把头一缩没看见他似的,一手提着长衫的前襟,弯着腰,用小碎步跑到靠后排的边座上坐下。沈从文不解其意，他怎么不肯过来？待到熊希龄大摇大摆入场，坐到前排时，沈从文这才恍然大悟，原来教务长不敢坐过来，是因为对熊希龄敬畏啊，他嘴角浮出一丝嘲讽的微笑。几天后，《晨报副刊》上发表了沈从文的小说《第二个狒狒》。文章把教务长称作"第二个狒狒"：他对下级趾高气扬不可一世，对上级却逢迎巴结毕恭毕敬，连到剧场看戏都不敢靠近主子，特意跑到后排坐下……

教务长看到这篇小说，恨得牙根发痒，只要有机会，他就会对熊希龄或熊希龄身边的人，讲沈从文的坏话，他的挑拨渐渐发生了作用。同时，这个教务长还在寻机挑剔沈从文的"毛病"。后来，他到底还是找到了一个"毛病"——沈从文的棉鞋。

那是8月的一天，沈从文依旧穿着双棉鞋进入香山图书馆，因天热，他只能像穿拖鞋那样拖拉着棉鞋，一走路便发出"啪嗒啪嗒"的声响。沈从文是个不讲究穿戴的人，在城里住公寓时，就有人对他的穿着随便有过议论，可是沈从文毫不在乎。他认为一个人的价值在于他的内心，他的头脑，有德行有学问才是真男儿，而衣着打扮不过是一种没用的装饰。他会在夏日穿棉鞋，也完全是出于经济窘困买不起新鞋的缘故，就是这双棉鞋，还是两年前表弟黄村生送的呢。教务长见他终日拖双棉鞋走路，自然要上前找碴儿：

"原来是你啊，瞧你这鞋子！"

"单鞋底烂了，没钱买新的……"沈从文不好意思地解释说。

"你看，你看，"教务长用手杖敲着沈从文的鞋面，"这成什么样子啊！"

图书馆里的同事们也露出嘲笑的神态，在一边小声议论沈从文的棉鞋。沈从文感到蒙受了巨大的耻辱。

很快，报上刊出了沈从文的另一篇小说《棉鞋》。小说描绘了一个图书馆长嫌贫爱富的丑恶嘴脸，描绘了一帮跟在馆长屁股后边的势利眼工作人员。这一来沈从文犯了众怒，马上有人找到教务长反映、议论这篇作品。

"教务长，您看看这张报纸，也太不像话了。"

"沈从文算个什么东西，年纪轻轻的，竟敢……"

教务长发怒了，把沈从文叫到他的办公室，训斥了半天。沈从文耐着性子不与他争辩，胸中的怒火却燃烧到喉咙，烧得嗓子发干、发痒。沈从文想忍得一时过去算了，可教务长那伙人却做事偏要"赶尽杀绝"，他们使出了最后一招，把沈从文的另一篇小说《用A字记下来的故事》给反映了上去。这篇小说取材于熊希龄五十五岁生日时举行的盛大宴会，文中以轻蔑的口吻描写了上层社会人们的行为举止和心理活动，其中自然也包括了祝寿庆典的主角——老寿星熊希龄了。

从此，沈从文开始在熊府受到冷遇。既然熊希龄都已经冷落沈从文，那些个管家、用人、听差的，自然也用不着对这个来自湘西的乡下人堆什么笑脸，装什么客气了。沈从文本来对教务长的骄横无理深恶痛绝，现在又陷入一伙势利之徒的包围之中，他再也无法忍受了。他的人格不容欺侮，沈从文绝不肯为了吃一碗饱饭，而栖息在别人的屋檐下面，过这种忍气吞声的日子。这个倔强的乡下人，收拾起自己简单的东西，没有向慈幼院的任何人打声招呼，一个人走出香山静宜园。

20世纪20年代的北京，城里与西山不通汽车，人们的交通工具就是花钱雇一头驴子。骑着驴子从香山走到城内，一趟需要四个小时。小驴儿载着沈从文，踏出清脆的蹄声，走在回城的土路上。沈从文每次登上香山最高峰鬼见愁都能看到城内一片金光灿灿的房顶，那是紫禁城的琉璃瓦顶。偌大的紫禁城在山顶上看已经缩成棋盘大小了，可见香山与城里的距离。所以每当他回城或去香山时，为了消磨驴背上这四个小时的时间，不是观景就是看书。可今天他无心观景，也看不进书。他是一气之下离开香山的，从此他彻底离开了他的阔绰的亲戚，他要尊严，要人格独立，不要"施恩"。他决心回到北大附近的公寓，重新过他的自修生活，也许还要挨饿，但沈从文已经想好了，在驴背上，他几乎是一字一顿地对自己说，我可不是为了吃饭和做事才来北京的！

第二十四章
三个人的梦

离开香山,沈从文又回到北大附近的公寓住下,确切地说,他又回到了朋友们的身边。在他众多的熟人、朋友当中,有两个人和沈从文特别要好——他们就是胡也频、丁玲夫妇。胡也频比沈从文小半岁,福州人,原名胡崇轩,"也频"是他的笔名。1921年他入天津大沽口海军学校学习,后因学校解散只得流落北京,放弃了当水兵的梦想,沈从文常戏称他为"海军学生"。胡也频从1924年开始发表小说,但他更具有诗人气质,后来他接受了进步思想,成为一名革命作家。丁玲呢,比沈从文小两岁,原名蒋冰之,是沈从文的湖南同乡。丁玲是个很有闯荡精神的女子,十七岁便离开故乡到上海,入平民女校上海大学读书,后来又来到北京准备学习绘画艺术。丁玲在北大旁听,喜爱中外文学,但直到她和胡也频结婚,与沈从文相识时,还不曾写过文章。她的早期代表作《梦珂》《莎菲女士的日记》都是在1927年以后发表的。总之,沈从文和胡也频、丁玲当时都还是满怀理想的小青年。

沈从文认识胡也频,还是因为那时胡也频在《京报》副刊做编辑,沈从文给副刊投了篇文章,引起了胡也频的注意。很快，胡也频来到"窄而霉小斋"，两个年轻人见面越聊越投机，后来说些什么沈从文倒记不太清了，只记得他们谈了许多空话，喝了许多开水。一个星期之后的一个早上，沈从文正在窗前看院中的积雪，胡也频带了一个年轻女子来了。她穿着件灰布衣服，下面是一条黑色短裙，这女子也不说话，只是看着沈从文发笑。沈从文也是直筒子式的乡下人脾气，一点客气也没讲，直截了当地问：

"你姓什么？"

"我姓丁。"

沈从文见她有胖乎乎的脸蛋，却姓"一丁点儿"的丁，也觉得挺好笑。于是大家坐下愉快交谈。后来胡也频告诉沈从文，这女子就是他的女友丁玲，只因听人说沈从文长得好看，才特意来看看的。沈从文哪里知道，几年以后这位性格爽快的女子凭着她出众的才华，一跃成为当时文坛最引人注目的女作家之一。

沈从文在香山的时候，胡也频、丁玲结婚了，也到山上来过了几天蜜月生活。那是一个中秋的黄昏，沈从文与胡也频、丁玲在香山静宜园散步，来到一个叫"见心斋"的小池边。他们三人登上一只无桨无舵的方头船，用手划着水沿水池漂浮，从慈幼院的方向，传来孤儿们演奏乐曲的声音，他们头上，正悬着一盘约略模糊的圆月，这是段多么美妙的时光啊！三个年轻人心情十分高兴，下山时每人各把一块糖含在嘴里，含糊不清地谈论起他们的打算来了：

办一份杂志吧，办一份属于我们自己的杂志，我们不就可以在上边尽情地说我们要说的话了吗？

不一会儿，他们又开始为给杂志起名而费尽心思，到底是年轻人，刚刚谈论不久，就好像刊物马上就要面世了似的。这，也就是年轻人可爱之处，他们朝气蓬勃敢说敢干，恨不得说干就干。三个人憧憬着能办一份小小刊物，他们虽然都很穷，很希望得到钱，但他们更希望得到社会与公众的承认，而且他们很愿意尽力去做一点使别人得到快乐的工作，同时也借机显示一下自己的存在。

然而拥有属于自己的刊物谈何容易，沈从文、胡也频的文学创作都处在刚起步的初期。不要说积攒资金办刊物了，他们的稿酬连维持生活都有困难。沈从文的"窄而霉小斋"到冬天连炉子都点不起，胡也频、丁玲的屋内倒是有炉子，却买不起煤烧，只能在来了朋友的时候，烧点废纸旧书之类的"熏一熏"。他们也和沈从文一样，从一个公寓换到另一个公寓，只为找一个好说话的房东，可以多拖欠一段时间的房租。有时，胡也频、丁玲也会因一些经济上的问题发生争吵，闹得很不愉快，沈从文往往要做和事佬，从中调解纠纷，批评批评这个，劝说劝说那个。其实胡、丁二人都是有抱负、有才华的青年，如果不是经济上实在困难，绝不至于如此斤斤计较，而这一点，只有他们的好朋友沈从文最了解。

然而，因为没有钱，三个好朋友自办杂志的美好愿望迟迟得不到实现。他们多少次地议论，力求实现这个梦想，又多少次无可奈何地暂且把梦想放在一边。维持生活、填饱肚皮，毕竟是更现实、更重要的呀，俗话说"人不可一日无粮"。说起来也巧，三个人虽然经常更换公寓，但也经常住进同一所公寓，因为他们三人都具有极强的事业心，对劈柴淘米之类的家务劳动没什么兴趣，所以大家搬来搬去，却总围着北京大学附近转，这一带有个极大的好处：吃饭方便。

沈从文离开熊希龄，以自由之身回到城里，又住进了北大附近的一家公寓——汉园公寓。此后不久，胡也频、丁玲从湖南再度进京，也搬入汉园，三个朋友楼上楼下住着，又成了邻居。那是1926年的事了，当时南方地区革命蓬勃发展，北伐战争开始了，国民革命军正以排山倒海之势向北推进，北京的很多学生都奔南方去了，有的去了广州，有的去了武汉，这里边有不少沈从文他们的朋友和熟人。但沈从文、胡也频和丁玲三人仍然待在北京没动，此时，三个人的文学创作正进入一个良好的阶段。沈从文、胡也频的文章正逐渐得到社会的承认、欢迎，他俩的写作热情十分高涨。丁玲也开始了她的小说创作，但她总是小心翼翼地进行着。偶尔有熟人见她桌上放着一两页稿纸，拿起来问是谁写的，她总会红着脸轻轻地喊："唉，这可不行!"说着便把草稿抢回去,藏入抽屉。三个朋友也曾被南方的革命所吸引,坐在一块儿正正经经地商议去不去南方的问题,一时难以决定,最后还是性格痛快的丁玲做出判断:

"若想做官,可以过武昌;若想作文章,不应该过武昌。"

于是,三个人又埋头于自己的文学事业。不能简单地看待他们三人的处世态度,认为沈从文他们不问天下事,一心只顾经营个人事业。实际上,这三人埋头写作除为个人理想之外,还有一层打算:自办杂志。他们没有固定职业,他们没有挣钱的门路,唯有手中这支笔,似根扁担,一头挑起生活的负担,另一头挑着办事业的重任。一切的用钱,都要靠稿酬才能实现。他们甚至做过不太现实却很具体的打算:如果每人一个月写出三万字文章,可得到三十元钱,可以用这笔钱中的多少维持生活,又可以用多少来做办刊物的经费,等等。他们甚至为了应在门前为刊物挂块什么式样的牌子,计划许久、争执许久。生活的重压、对追求的向往,令他们在文学创作上更加勤奋。这一段时间,他们的创作成果明显地增多了。从1924年末到1927年,沈从文发表了各类作品一百七十多篇,初登文坛就显示出一个高产作家的风貌。这期间北新书局出版了他的小说、散文、戏曲、诗歌合集《鸭子》(1926),新月书店出版了他的小说集《蜜柑》(1927),成绩斐然。不过，这一时期沈从文之所以高产，之所以卓有成绩，还有一个特殊的原因：父亲沈宗嗣去世了。这位空怀了一辈子将军梦的湘西汉子，带着几许遗憾故去了，没有为妻儿留下多少遗产。这时候沈从文的哥哥、弟弟都在军队供职，行踪飘忽不定。相比之下沈从文的情况还算稳定，因此母亲带着小九妹，孤苦伶仃、凄凄惨惨地来到北京，和沈从文住到了一块儿。这样，沈从文的生活负担比胡也频夫妇就重多了，他几乎是在发疯般地熬夜写作，用稿费勉强维持一家三口的生计。

这时候，国内的形势起了变化，上海的新书出版业开始蓬勃发展，北京的一些书店、出版机构相继迁往上海，这其中包括出版过沈从文著作的北新书局和新月书店。写书人怎能离得开出版社？为了全家人的生活来源，沈从文于1928年初，一个人先来到了上海。他并不是很情愿离开北京，沈从文心里眷恋着北大那一带的进步风气、学术气氛和人与人之间真诚的友爱。

号称"十里洋场"的上海，是当时国内最大的商业城市，也是最繁华的现代都市。在帝国主义武装侵略之下，西方各国在上海办工厂、开洋行，对当地民众进行着掠夺和剥削。上海滩耸立的一幢幢高大楼房，都是各国财团、洋行的办事机构，呈现着不同国家的建筑风格，所以上海也有"万国建筑博览会"的称号。当时西方列强在上海都划有租界。租界就是在中国的土地上划出属于侵略国的

"地盘",外国政府在这里设有办事机关、警察局(巡捕房)、军队等,租界中执行的完全是外国法律。沈从文初到上海,就住在法国的租界里。

沈从文并不喜欢上海的商业风气,觉得这里无法与北大那一片净土相比。他更厌恶来往于黄浦江上的外国军舰和轮船,内心总有一股屈辱感。但为了生活,他必须要在上海住下来。没过多久,胡也频、丁玲也双双来到上海,这才使倍感孤单的沈从文得到些许的安慰。

功夫不负苦心人,半年之后,三个年轻人重新又看到了办刊物的曙光。

先是胡也频应朋友之邀,为一家报纸办起了副刊,在这个位置上的报酬不算低,基本解决了他和丁玲的生活问题。与此同时,沈从文、胡也频和丁玲的作品源源不断地创作出来,在书店(旧时的书店具有出版、销售两方面的功能)如林的上海滩,出版、发表作品的机会自然比在北京多得多,三个人的文学旅程,全都进入了畅通的阶段;沈从文这时也将母亲、妹妹接到上海,一家人生活有了保障。在这种情况下,他们很自然地又想起了久违了的杂志梦。

——喂,伙计们,忘了我们的理想了吗?
——怎么会!办个属于我们自己的刊物!
——尽我们的力,为了新文学的振兴。
——对!

——走我们的路，传达我们卑微者的心声。

——好！

——我们渴望独立，决不属于文坛上哪一个派别。

——我们争取自主，决不迎合商业社会的低俗趣味。

——是时候了，该动手了，我们已经等待得太久。

——我们的杂志就叫《红黑》吧，这两个字象征着光明与黑暗，象征着激昂与悲哀，象征着血与铁！

——太好啦！

为了办刊物，三个朋友又搬进同一座小楼，沈从文和母亲、九妹住在三楼，胡也频、丁玲和丁玲的母亲住在二楼。三个年轻人原本写作就够忙的，如今又要编辑刊物，那就忙上加忙了，可他们的精力好像用不完。

"休（胡、丁对沈从文的昵称，源于沈从文的一个笔名"休芸芸"），"胡也频说，"我们再办一个杂志吧。"

"好的，就这样。"

他们还真就同时办起两份刊物，而且都是月刊。胡也频负责《红黑》，另一份杂志取名《人间》，由沈从文和丁玲共同编辑。为了这两份刊物，沈从文无疑要加重写作任务，但他认为最辛苦的还属胡也频。这个"海军学生"要负责编辑工作，还要跑印刷所、送稿、算账、购买纸张、联系书店，差不多全由他一人料理。到了刊物印出来时，沈从文和丁玲便忙着清点数目、抄写订户名单，去邮局邮寄刊物，还要亲自把刊物送到四马路（今福州路，一直是上海书店最为集中的街道）各个书店。

《红黑》第一期出版发行了，仅在上海就售出了将近千本。听到这个消息，三个朋友高兴得脸都发红了，他们还特意跑到各个书店，察看杂志销售情况。看着自己的杂志陈列在橱窗里，看着读者翻阅或购买《红黑》，三个人乐得心头发痒。没两天，《人间》也面世了。

好消息接连传来，各地方的朋友纷纷来信，称赞他们的杂志办得好，有内容，文章有分量。北京的朋友捎信说，愿意帮助发行杂志；厦门朋友也捎信来，愿意帮助发行杂志；广州、武汉的朋友先后表示，希望给他们多寄些杂志去。从社会上也传来对杂志的好评。同时，不少给杂志撰写文章的作者也认为，他们的杂志是一个合乎理想的刊物。

即使在休息的时候，三个人也常把杂志的事情挂在嘴边。"我们到底成功啦！"丁玲万分欣慰道。

胡也频显然比爱人更加兴奋："可我们的胆子还是太小，杂志印得太少，这怎么够分配？"

"那就多印嘛。"丁玲说，"休，你看该印多少？"

"是呀，该印多少呢，反正我们得缩衣节食，多省出点钱来才好。"沈从文一时说不清楚，但他也觉得，杂志是印少了。胡也频的诗人气质又来了，把右手一挥：

"五千本！以后每期总当印五千才能满足需要。"他们没有时间慎重考虑他们的设想，他们的精力用在办刊物的杂事上，他们的谨慎用在了写文章上。他们毕竟是文人，是作家。在此期间，胡也频开始创作歌颂工人运动的革命现实主义代表作——长篇小说《光明在我们的前面》。丁玲也着手中篇小说《韦护》的创作，这是一部标志她文学创作重要转折的作品。沈从文呢，则推出了《龙朱》《旅店及其他》《神巫之爱》《我的教育》等一系列精彩纷呈的小说。

　　三个年轻人用他们的行动说明了一个道理：天道酬勤！

第二十五章
苦难的转折

《人间》月刊出版到第四期,不得已停刊了,因为没有足够的资金周转。

《红黑》月刊出到第八期,不得已也停刊了,还是因为没有足够的资金周转。

尽管沈从文、胡也频和丁玲想尽一切办法挽救,但失败的结局还是来了。其实,他们的杂志还是有不少读者的,有的读者也为杂志停刊而感到惋惜。但是,这三个年轻人终归没有出版商的精明头脑,不善于在商业竞争最为激烈的上海滩经营,怎么能不败下阵来?

三个朋友眼看着他们向往、计划了好几年、辛辛苦苦办起来的刊物,就这么无可奈何地关闭停刊,难过得眼泪都快要落下。他们也有失败的精神准备,可是这个结局来得太早来得太快,他们心理上怎么也难以接受。不料想,他们还来不及难过,更沉重的打击又降临在他们头上。杂志盈亏结算的最后结果出来了,他们不但没有赚到一分钱,还亏了一大笔钱,这笔钱是借来的,必须得还给人家。三个人都呆了,这可如何是好?

胡也频伏在桌前,双肘撑着桌面,把十个指头深深插入头发里,他感到这个时候,做一名诗人是最无用处的。沈从文靠在门边一句话也说不出来,他知道,欠了这么多的钱可不是一下子能还得上的。

"先生们,你们倒是说话呀。"丁玲催促道。

可是沈从文依旧没有开口说话,他很清楚,他所具备的还债手段,只有写作。尽管到上海以后,他的写作达到了一个高峰,尽管当时他已成为著名作家,怎奈书店老板给的条件太苛刻,沈从文的每一本书只能得到一百元钱,还得卖掉版权。虽然在社会上已经有人称沈从文为"名家""天才""神童",而且还有小报造谣说沈从文如何如何阔,新近买下一幢大房子,可只有沈从文自己最清楚,他要养活一家三口吃饭,要交房租、水电钱,妹妹要上学,母亲要治病,生活压力有多么大。他在想,已经把所有的时间全都用在了写作上,才勉强维持着生活,现在又要还欠款,光靠写文章卖钱能行吗?

胡也频到底把手从脑袋上移开了:"休,看起来我们需要找点事情做了。"他并没有看沈从文的脸。

沈从文没想到他们都想得差不多,便"嗯"了一声,表示赞同。大概也只有这样了,大家现在得携起手来,把钱还上啊。

不久,沈从文到一所大学教书去了。胡也频、丁玲也先后离开上海,去到济南教书。好朋友在这种情况下被迫分手,各奔前程,自然是很令人伤感的事情。沈从文一时间，灰心丧气到了极点。面对着上海滩一幢幢高大典雅且风格各异的洋楼，面对着繁华街市五光十色花团锦簇的霓虹灯，沈从文常露出一丝无可奈何的苦笑。现实中的失败在告诫沈从文，把文学看作事业，看作理想，执意地去追求去坚持，不肯随波逐流地迎合人们变化着的口味，这样的作家就是个落伍的作家。沈从文不愿意随波逐流，也不害怕失败。可同时另有一桩苦恼缠绕在沈从文的心头，生活的压力，又在逼迫着他，要他拼命去写，拼命去赚取稿费，稍稍松缓一下工作，都难以做到，更难以为了理想与追求，多拿出些时间与精力去雕琢他的作品，写出更加深刻的文章来。已经有朋友对沈从文的作品提出疑问，沈从文心里也同意朋友的忠告。但是在"十里洋场"的上海滩上，整天在铺天盖地的电影广告、商业招贴、明星彩像下穿行，耳朵灌入的都是颓废音乐、舞厅狂曲和商场喇叭传出的招徕顾客的广告词，沈从文确实很难静下心、沉下气写东西。尤其使沈从文感到无奈的是，作为一个"乡下人"（别人说他是乡下人，他更自认为是个乡下人），他厌恶并且极力批判着都市的丑恶；但作为一个现代新文学的作家，他又无法脱离都市，比如上海，这个由商人、洋人控制的都市，其社会丑恶现象可以说是最"多姿多彩"了，偏偏他还要从北京赶到上海来住下。说到底，还是为了解决吃饭的问题。自己可以挨饿，可是能眼看着妈妈、妹妹跟着挨饿吗？

沈从文在文章里写过一句话："一个要做事的人，关在黑牢里也还有事做！"可他是怎样地做事啊，这个单薄瘦弱的人把自己关在小屋内不停地写作，不要命地写。时常，剧烈的头痛会使他被迫搁下笔，咬牙忍受着刀劈斧砍般的折磨。由于工作辛劳、身体虚弱，再加上营养不良，睡眠不足，沈从文常常在写作时淌下鼻血，有时他竟还没有察觉，滴答一声，一滴鲜红的血便溅落在稿纸上面。鼻血有时难以止住，还会顺着嘴边、下巴流下，弄到衣襟上，后来沈从文居然对流血"习以为常"了，为了抓紧时间写文章，他干脆拿块毛巾或破布边捂着鼻子，边奋笔疾书，搞得脸上、身上一塌糊涂。有一回，一对夫妇前去看望沈从文，进屋后突然看见沈从文一脸一身净是血，那位夫人吓得当场昏了过去，而一脸是血的沈从文还得忙前忙后，帮助找医生，协助抢救。沈从文就是这样一个刻苦耐劳、坚忍不拔的勤奋的人。多少年后，他能以五十岁的年纪从头学起，并从事文物研究工作，在晚年完成了震动考古界的《中国古代服饰研究》，凭的也是这股顽强劲。有人从表面看，认为沈从文"软弱"甚至"胆小"，这种看法并不不全面，其实在沈从文的骨子里，有他坚强的地方，而且是超过一般人的坚强。

沈从文越来越难以依靠稿费来生存了，他的书有八九个书店出版，可是稿酬却经常被拖欠不付，有的还故意拖延。为此，沈从文不得不一次次登书店的门去讨要。他生

性温和,要自己的钱倒像求人施舍:

"最近手头实在紧,急等钱用,就算你们做好事。"

这么客气,人家当然不在乎了。屡屡碰壁以后,沈从文深深感到光靠写作是不行的。为了生活,为了还债,他必须工作,就像和胡也频、丁玲商量好的那样,尽快去做点事情。聘请沈从文的那所大学——上海中国公学,当时由胡适担任校长,从此,沈从文又开始了一项新工作:上讲台授课。在此之前,徐志摩曾盛情邀请他去北京,但沈从文还是没有离开上海,也许是为了多挣点钱还清债务吧。这时他的母亲已经回湘西去了,沈从文让小妹寄住在朋友家中,又一个人搬到吴淞。沈从文只有小学毕业的学历,但他勇敢地登上了大学的讲台,他就是这样一个人,不怕向生活挑战。

第二十六章
孤雁哀鸣

胡也频、丁玲在几个月之后，突然又从济南回到上海。他们在环龙路住下后，很快便与沈从文取得了联系。此时，胡也频已经走上了革命的道路，他和丁玲是为了躲避政治迫害，才从青岛坐海轮回到上海的。

在济南省立高中，胡也频不断地向学生们宣传马克思主义，宣传唯物史观，宣传无产阶级文艺理论和文艺作品。很快，他便成了深受学生们拥戴的人。学生爱听胡也频上课，爱听他讲话。天一亮，就有人已经等着他起床，到深夜还有人不让他休息，请求他继续说下去。丁玲看见年轻的丈夫终日被群众包围着拥护着，而丈夫却是那么稳重、自信、坚定，慷慨激昂，侃侃而谈，她的心中有说不出的欣喜。丁玲悄悄问丈夫，他对他所讲的革命道理全都懂得吗？

"为什么不懂得？"胡也频立刻果断地说，"我觉得要懂得马克思也很简单，首先是你要相信他，同他站在一个立场。"

丁玲听了，没再说什么，但心里觉得丈夫的话很有些味道。虽然她没想到胡也频这么快就转向了革命，可她相信丈夫的选择是正确的,她从心里支持胡也频。

胡也频不仅参加学校的一些斗争,还领导学生们成立了一个文学研究会,后来参加者达四五百人,声势非常浩大。在文学研究会强大声势的威慑下,校长、训育主任都不得不出席文学研究会的活动。但胡也频他们的活动,也马上引起了反动政府的注意,一只黑色的魔爪悄悄向胡也频、丁玲伸出。

校长张默生悄悄找到胡也频,告诉他事情闹大了,让他到上海去避一避,并送给他二百元路费。原来,反动政府已经通缉胡也频,第二天就要来抓人了。开始胡也频还舍不得他的那些学生,在别人的一再催促劝说下,他才与丁玲离开济南。

到了上海,胡也频、丁玲都参加了中国共产党领导下的革命文学团体"中国左翼作家联盟",继续进行地下革命活动。见胡也频为革命一天到晚东奔西忙,有人开玩笑说:"改行算了吧!"胡也频却认为为了革命事业,他更需要多多写作:

"以前不明白为什么要写,不知道写什么,还写了那么多,现在明白了,就更应该写了。"他硬是挤出时间,写下不少革命文学作品。

当沈从文去看望朋友时,听胡也频、丁玲讲述了他们在济南的许多事情。但沈从文那时对政治斗争了解得并不多,所以他不太能听懂胡也频他们的话。他想,也频他们这样也好,写文章更适合他们嘛。而这时候,沈从文正对教书这个行业感到有些别扭,正有点悔恨自己,不该冒险登上课堂的讲台,所以沈从文见两个朋友不教书了,当然举双手赞同。

转眼就过年了,沈从文依旧住在中国公学里,因为在学校不用交房租,还可以晚一点交厨房的伙食费。而胡也频、丁玲回到上海后,生下了一个男孩,他们生活顿感紧张,短时间内又搬了几次家。这些沈从文全看在眼里。上海的房东不比北京的公寓老板,在北京,学生也常有交不上房租的。公寓老板可以让他给自己的儿子补习功课,这也可以抵些房钱;或者看房客实在有困难,就不那么没完没了地催讨房租。在上海就不同了,房东可没那么客气,到日子不交房租,给脸色看、给冷言冷语听还不算,过上几天再不交,干脆就逼上门来。你要是拖上一个月还交不出来,房东就真要赶人走。这还不算,还要扣家具、扣箱子、铺盖抵偿房钱。总之,上海的房东是绝对不肯白白吃亏的。这时沈从文的生活比胡也频夫妇要好一些,因此,他还时常帮帮朋友。

那是1931年1月的一天,胡也频冒着寒风来到沈从文的住处,说他的房东家里有丧事,他想送一副挽联,请沈从文为他想想挽词,下午到他家再写。这件事胡也频当然会想到去求沈从文这个朋友的,他是个作家,用词没问题,而且他的书法又好,谁会比沈从文更合适呢。说好之后，两个人一块儿出了门，各办各的事去了。胡也频在街上买了点东西，然后赶去参加中共江苏省委会议。没想到，就在这天下午，国民党军警突然包围了会场，胡也频和江苏省委成员全部被捕了。

却说沈从文，下午按照约定的时间，来到了胡也频的住处。进门一看，只有丁玲在哄着幼小的孩子，不见胡也频。沈从文奇怪地告诉丁玲，他与胡也频中午分手时约好了，下午要他来写挽联，怎么胡也频倒不在家？丁玲也觉得奇怪，胡也频是个办事很认真的人，不会忘事的。沈从文没有写挽联，和丁玲一起静静地等待着。时间一分钟一分钟地过去了，两个人心神不宁。丁玲有一种不祥之感，抱着孩子站到窗前，双眼注视着窗外灰色的天空。

天色渐晚，屋外开始刮起风来。沈从文见实在等不来人，便起身先回去了。丁玲心里非常烦乱，也没留沈从文再待会儿。等沈从文一走，她实在受不了屋内死一般的沉寂，连她自己都不知道是在什么时候冲出了房门，在马路上狂奔。在寒风里，在昏暗的路灯下，她在寻找丈夫的下落……

沈从文回到住处时夜已经很深了。不一会儿，他就听见有人敲门，他连忙过去开门，只见一个衣衫破烂的老头站在门前：

"请问，沈从文先生住这里吗？"

"我就是沈从文，你找我有事？"

"您就是沈先生啊,我是在监狱做事的,您的一位朋友托我送封信来。"

老头说完,递给沈从文一张便条,沈从文道完谢后,关上门赶紧展开纸条,他立刻认出是胡也频的笔迹,条上用铅笔写道:

"我因事到××饭店,被误会,请赶快与胡先生商量,保我出来。"

沈从文知道胡也频说的"胡先生",指的是胡适。事关重大,第二天天刚麻麻亮,沈从文就又赶到丁玲那里。丁玲已是一脸的倦容,她一夜没有合眼,虽然没有打听到胡也频的下落,但已听说有别的人被捕了,她努力使自己镇定着,她预感到今后的日子里将会面临什么了。当丁玲听朋友说带来了胡也频的亲笔信,赶紧上前夺过那张黄色的粗纸条子,如获至宝地读了一遍又一遍。

得知丈夫被捕的消息后,丁玲反而显得更加沉着了,她在心里说,我不能没有也频,我的孩子也不能没有爸爸。丁玲看着沈从文:

"我要设法去救他,我一定要把他救出来!"

沈从文当然和丁玲是同样的心情,当天他就与丁玲投入到紧张的营救工作中去了。

从胡也频被捕的第二天起,上海便阴云密布,雨雪霏霏。天气很冷,飘着小雪花,沈从文、丁玲踏着泥泞的路面,来到龙华监狱,可是看守只答应把送来的被子、换洗衣裳带进去，却不准见人。两人在外边等了一上午，只能又上前和看守交涉，要见胡也频一面。这时在铁门前探监的人都走完了，只剩下沈从文和丁玲，看守这才答应了他们的请求。

过了一会儿，就听见里边有一阵人声，在两重铁栅栏门内的院子里走过来几个人。丁玲还没有看清楚，沈从文却发现了朋友的熟悉身影，他连忙指给丁玲看。丁玲也认出了丈夫，对，是他，是他！他身上还穿着沈从文送给他的那件棉袍子呢。

"频！频！我在这里！"丁玲大喊起来。

胡也频也掉过头来，看到了丁玲和沈从文，他刚要说话，巡警就把他推走了。丁玲十分激动，转身对沈从文说："你看他那样子多精神啊！"沈从文点了点头，没多说话，他分明看到胡也频走路时拖着脚镣，可他不忍告诉丁玲。沈从文只在心里暗想，一定要尽全力，营救朋友！

天总是不住地下雨、降雪，令人的心情一日紧似一日，丁玲、沈从文老感到大块的乌云压在心间。沈从文从上海到了南京，虽然胡适、徐志摩已经写信给蔡元培，请蔡设法帮忙，可沈从文去南京见到他时，蔡元培却深表爱莫能助，因为此刻他也正不得志。沈从文又去找邵力子，邵力子也表示无能为力，他给当时的上海市市长张群写了封信，让沈从文交给丁玲。沈从文便急匆匆赶回上海，但他和丁玲并不知晓，邵力子在给张群写信时，自知找张群也没用，只是他不好对沈从文说罢了。果然，丁玲在张群那里，什么结果也没得到。

沈从文并未气馁，又和丁玲搭夜车赶往南京。咯噔、咯噔，车轮碾在铁轨上传来均匀的声响，沈从文的信心特别坚定，他满怀了希望，恨不得早点到南京。丁玲在一边看了他一眼，无声地叹了口气。她知道，沈从文此次去南京是准备去找陈立夫。沈从文觉得，陈立夫在宣传部任职，不会不给他这个作家一点面子的，再说，他所帮助的，也是一位作家呀。丁玲又看了看单纯得有点幼稚的朋友，轻轻摇了摇头：

唉，从文是不懂政治啊。

在熟人关系的帮助下，沈从文见到了陈立夫。陈立夫听他说明来意后，马上表示："这事不归我管，我可以调查一下。"沈从文见陈立夫在应付他，哪里肯罢手，他与陈立夫谈了很长的时间。

回到住处，沈从文一脸无奈地告诉丁玲：陈立夫把这件案子看得非常重大，但他说如果也频出狱后答应住在南京，或许可以想想办法。丁玲一听这话就急了，她最了解丈夫：

"这是办不到的，也频不会同意。他宁肯坐牢，死，也不会在条件底下得到自由。我也不愿意他这样。"

沈从文这时也明白了许多，他也看出陈立夫并没打算真心帮助他们。沈从文、丁玲当夜坐车又赶回上海。既然在南京方面实在找不到办法,那么还是先回上海,再作打算吧。

这是1931年2月7日的夜晚,沈从文和丁玲为营救胡也频正从南京返回上海。他们哪里知道,就在这天晚上,胡也频被国民党反动当局秘密枪杀于上海龙华淞沪警备司令部。和胡也频同时遇难的还有柔石、殷夫、李伟森、冯铿四位革命作家,他们被称作"'左联'作家五烈士"。这就是震惊中外的五烈士遇难事件。

鲁迅在沉痛悼念五烈士时说:"我知道,即使不是我,将来总会有记起他们,再说他们的时候……"

丁玲在怀念丈夫胡也频时,说:"他用他的笔、他的血替我们铺下了到光明去的路,我们将沿着他的血迹前进。这样的人,永远值得我纪念,永远为后代的模范。"

沈从文在这年8月写下的《记胡也频》一文最后,说:"我觉得,这个人假若是死了,他的精神雄强处,比目下许多据说活着的人,还更像一个活人。我们活在这个世界上的,使我们像一个活人,是些什么事,这是我们应当了解的。"

胡也频的一生,过早地结束了。沈从文伤心到了极点,往昔"海军学生"活泼泼的身影总出现在他的脑际,他不止一次地回忆着,当年与胡也频相识、交谈、游香山、办杂志的一幕幕往事。每想起一幕,心内便是一阵酸楚,也频已经牺牲,丁玲带着个孩子,该有多难。当时,沈从文和小九妹住在上海，房间并不宽裕，可他还是热情地把丁玲母子接到自己那里住下，以便就近照顾。

没过多久，上海的局势进一步恶化。那时，国民党的军队正对江西红军根据地实行军事"围剿"，对后方的中共党员、革命分子也加紧了搜捕、镇压。丁玲在上海的处境很是危险，她觉得带个孩子只身在外很不方便，决定把孩子送回湖南老家，由她母亲来抚养。

听说丁玲要回湖南，朋友们都很关心，与丁玲又是朋友又是同乡的沈从文，当然是最合适不过的护送者了。沈从文从四处筹来了钱款作为路费，说走就走，两个人带了小孩登上火车。由于正是战争时期，一路上风声很紧，几乎每个大站都有国民党军警、特务盘查。沈从文和丁玲在长沙火车站没敢出站，一直待在候车室里。等到了后半夜，他们才上了去武汉的火车。而后，他们又从武汉换乘小客轮，顺长江驶入洞庭湖，准备穿洞庭，经沅水，抵达常德。

4月的洞庭湖，正值初春的枯水季节，水位很低，裸露出大片湖底。灰黑色的泥淖，愁苦地仰望着天空，许多木船无力地搁在湖边的泥土之中，没有半点生气。萧萧寒风，冷酷无情地抽打着一片片枯黄干瘦的芦苇，让它们无数次地把腰深深地弯下。岸边的小渔村，也看不到人烟，只有织补渔网的干木架子，漠然地立在寒冷的空气之中。

沈从文他们一路备尝辛苦，旅途艰难。没想到轮船行走在湖中时,偏偏又搁了浅。水手们操着湖南话在粗鲁地咒骂着,找人帮助拖船。回到老家湖南,又听到了熟悉的乡音,沈从文和丁玲互视,露出会意的一笑,随即又都失去了笑容。他们仍陷在失去亲人、失去挚友的巨大的痛苦之中。

枯燥乏味的等候,是旅行中最令人难受的时刻。沈从文一阵心烦,走到甲板舷边,听凭湖风吹拂。放眼洞庭,田野茫茫,空阔无边;追忆死者,音容宛在,缥缈难寻。沈从文忽然想起,数年前胡也频经过这里,曾写下一篇颇为动人的诗歌《洞庭湖上》:

> 激烈的愤怒之长风,
> 横扫这苍茫的湖面,
> 五百里的水波澎湃着,
> 彷徨了安静的鱼舟。
>
> 濛濛的灰色之雾,
> 将水天染成一色,
> 一切的固有变样了,
> 弥漫着拘挛与战栗。
>
> 无数的浪花和雨珠飞舞,
> 如盲众的狂热之暴动,

逞其得意的欢乐,
向无抵抗的空间痛击。

隐隐的低弱之音,
在暴雨里流荡:
似渔父求援的呼喊,
似孤雁失恋的哀鸣。

沈从文的思绪也像孤雁一样,飞上天空,朝着苍茫的洞庭发出哀鸣:安息吧,我的朋友。

第二十七章

第一次授课

经徐志摩介绍,上海中国公学校长兼文理学院院长胡适聘用沈从文任教,主讲大学部一年级的现代文学选修课。沈从文仅有小学毕业的学历,居然能被聘为大学讲师,这除了说明沈从文具有相当的真才实学外,也说明胡适有用人的眼光和魄力。其实在那个年代,中国教育界确实有一种民主、开明的风气,体现在任用教师上,则是不仅看资历、文凭,更重本人的学识与能力。有的人考大学考不上,但不久之后,却做了那所大学的教授,只因他具有这个水平,否则以沈从文这样的学历,是很难登上大学讲台的。这开明的风气的发源地,就是北京大学。

学生们听说学校新来了位老师,叫沈从文,是当今文坛上有名的青年作家,而且还当过兵,这引起了他们极大的兴趣。他们认为,一个有着如此传奇经历的作家,肯定会好好地满足一下他们的好奇心的。于是,他们兴致勃勃地提早来到课堂,抢占好位置,有不少人实际上并没有选修沈从文的课,可为了一睹沈从文不同寻常的风采,也特意挤进教室。

沈从文来了。学生们的目光齐刷刷地投向了他。

今天是沈从文第一次登台授课的日子，他怀着激动的心情赶到学校。他特意穿戴得整整齐齐、干干净净，既然已经是别人的先生了，当然要注意一下仪表，给学生们留个好印象嘛。

咦，学生们发出了疑问，这就是沈从文吗？他们大多都读过沈从文的作品，在他们头脑中的沈从文，应该像他作品里表现的人物那样，是高大魁梧，具有松柏之姿的湘西汉子。怎么沈先生如此单薄瘦弱、文质彬彬，一副典型的文弱书生模样！一时间学生们的印象都无处安放，于是他们更加仔细地打量、研究着沈从文。

糟糕！沈从文进了教室往讲台上一站，自感不妙。望着这么多的学生，面对这么热烈的目光，沈从文终于没能抑制住内心的紧张，在众目睽睽之下，竟然一句话也说不出来。而且越是紧张，话语便越是调整不出来，临来之前分明已经准备好的精彩的开场白，怎么一句也想不起、说不出来？！他那本来就苍白的脸显得更无血色，平日很有神采的眼睛也露出惶惑，脑子变得空空，提供不出任何东西。

时间，一分钟一分钟地过去了，此刻沈从文觉得简直比要死了还要难受。教室里开始出现骚动，有人在交头接耳悄悄议论。沈从文知道发生了什么情况，可他就是没有办法张口说话。座位里已经有人替沈从文紧张起来，有的女同学还把头低下去，不忍看这位年轻老师的窘相。沈从文知道，该感谢她们对自己的同情，但他不敢多考虑这些，当务之急，是要调整好思路，克服紧张情绪。整整五分钟过去了，沈从文依旧动也不动地站在那里。

教室里恢复了安静，学生们重新端详起这位老师。使他们感到奇怪的是，这位年轻的作家竟如此腼腆。这是学生们从未见到过的。他们见惯了在讲台上滔滔不绝的教授（又有哪位老师不是能说会道的？），他们听惯了妙语连珠的言辞和抑扬顿挫的声调，有时一个小时的授课时间都不够先生讲的。有的教授，旁征博引，可以把一首甚至一句唐诗，讲上十好几堂课，也没见有无话可说的时候。今天的沈先生，确实很有意思。

时间，还在一分钟一分钟地流逝。沈从文站了将近十分钟之后，终于战胜了自己，开口授课了。许多学生感到总算透过一口气来，但沈从文的压力并没有减轻丝毫，今天的情形，真是太糟糕了。

然而沈从文没有想到，糟糕的事情并没有结束呢。他一面急速地讲述课业内容，一面在黑板上飞快地抄写授课提纲。好像是要把前边损失的时间补回来似的，沈从文的嘴又变得像挺机关枪，突突突突，十几分钟便把一小时的授课内容吐光了。随即，沈从文又陷入没有"子弹"的尴尬局面之中。这会儿，离下课还有半个来小时呢。

沈从文对自己恼火透顶，甚至对干上教师这一行深感懊悔。本来沈从文已经认真地备过课，他不是个做事马虎不负责任的人，他准备下的资料是足够一个小时授课用的。哪知鬼使神差，临上课前，沈从文突然自信心空前高涨，他觉得自己无须任何辅助材料，居然在出门时把教案、教材统统留在房内。现在，沈从文清楚他已经不可能再对学生说点什么了，他后悔不该过分自信，指望能像创作那样突然产生灵感，不带任何教材。他甚至恨自己，为什么不把事情考虑周全一些，到底还是乡下人的土脾气，办事单凭脑筋一动，就不管不顾了。

再这样僵持下去是没有用的，沈从文在心里对自己说，看来只有尽早地结束眼前的一切了，总不能让刚才的情形再度出现。不能拖延了，满堂的学生们还在等着他的下文呢。沈从文又一次瞥了一眼满是黑压压的人头的教室，鼓了鼓勇气拿起粉笔，站到黑板前写道：

我第一次上课，见你们人多，怕了。

把自己的真实心情告诉同学们之后，沈从文反倒变得平静、轻松、踏实了不少。他以一种老老实实的态度，面对现实，面对他的学生。虽然是一次不成功的授课，但沈从文真诚的品格、坦率的性情，哪怕是在"惨败"当中，依然能够完完全全地表现出来。学生们下课后不免对沈从文议论纷纷，可有一点他们还不知道，沈从文看上去文弱腼腆，但他绝对是那种不怕挫折的人。

学生们在议论，教师们也开始议论，校长胡适听到沈从文的情况后，却笑着说："上课讲不出话来，学生不轰他，这就是成功。"

胡适可称得上是知人善任，沈从文在接下来的教学中，果然十分胜任。虽然沈从文擅写不擅说，但胡适了解他，深知以沈从文的才学，到大学登坛授业，不成问题。

第二十八章
锲而不舍的求婚

一个消息迅速地在中国公学的校园传开：沈从文陷入情网啦，他在追求一个女学生，可是对方并不接受他的感情，沈从文无法从爱河中自拔，终日心急如焚，连"自杀"的念头都产生了。

人们说的那个女学生，名叫张兆和，是大学部一年级学生，她性格温柔，端庄秀美，从她的行为举止可以清楚地看出，这是一个受过良好家庭教育的姑娘。张兆和是公认的中国公学校花，但人们更为注重的，是张兆和那文静而又不失大方的天然气质。沈从文第一次讲课那天，张兆和也在教室里头，她和另外几个女生一样，由于不忍多看沈从文的窘状，把头低了下去。可是她怎么也不会想到，这位不善言谈的年轻教师，日后会如此执着、痴情地追求自己。

在有些人眼中，沈从文确实有点不好理解，难免对他产生点看法。一个年轻作家，进校工作没几天，突然便开始"疯狂"地追求起校园花朵来了。甚至有人把沈从文猜测成上海滩那种放荡不羁的无聊文人。

实际上沈从文确实陷入了单相思的苦境，在听课的学生中间，他很快便注意到了品貌端庄的张兆和，他的心一下子就被打动，被征服。沈从文无法摆脱这种心情，张兆和在他心目中实在是太美好了，他又怎能不陷入惶惶不可终日的状态？当然，沈从文是以极其认真的态度在思念、追求张兆和的。沈从文的个人生活向来检点，尽管这时他已二十六岁，但他还从未真正领略过"恋爱"的滋味，因为他一直忙于写作，忙于求生，生活的重压和对事业的追求使他脱不开身、分不出心去解决婚姻问题。在芷江，沈从文曾受人蒙骗，热恋一个女孩子，但他从未与那女孩谈过恋爱，不过是在骗局中做着虚幻的梦。即使是场骗局，沈从文也是极其真诚的，且终以他自己受到深深的伤害而宣告结束。

开始，沈从文也常去学生宿舍见张兆和，但在那里他根本无法表达内心所想。虽然他总想鼓起勇气说点什么，可话到嘴边又变成了老师对学生一般的询问，诸如功课怎么样啦，在读什么书呢。越是这样沈从文心里便越着急，张兆和请他坐下，他也不坐，仍旧在屋中站着讲话，其实他脑子想的是另外的事情，这倒使张兆和感到有点好笑。不过张兆和也是个聪明姑娘，她从沈从文的略显反常的表现中，隐约地感到了点什么，心中有些不安，只得更加谨慎地应付沈从文。

沈从文不善言谈，更不会说些拐弯抹角的话，把他的意思巧妙地传达给别人。他在百般无奈之下，还是操起老本行——写,给张兆和写下了一封情书。因为是从心底涌出的呼喊,所以第一封情书虽然仅有一页,寥寥数语,但是写得分量极重。

情书送出,沈从文的心情正像他的诗中那样:

> 钓鱼的人,
> 钓子悬着他的饵,
> 也悬着他的心。

就在沈从文悬着虔诚的心,等待张兆和对"鱼饵"的反应时,张兆和却拿着情书有点不高兴了。沈先生怎么能给学生写这个!不过她并未声张,她怕弄得满城风雨,对她对沈从文都不好,而且她毕竟是个十八岁的少女,不知该如何处理这种事情。张兆和唯一的办法,就是不加理睬。哪知这个沈先生偏偏很"不知趣",他固执地给张兆和发出一封又一封的情书,完全摆出了一副水滴石穿的架势。然而一封封情书换回来的,却是张兆和的回避态度。这一来沈从文真的烦躁起来,于是校园中传出沈从文求爱不成,急得想要"自杀"的说法。

张兆和怕事情真的闹大了,拿上厚厚一摞沈从文写的情书去找校长胡适(此时沈从文还在不停地写着情书)。见到校长,张兆和把情况原原本本地反映了,又表示她现在正在上学读书,不是谈情说爱的时候!没想到胡适并没支持她的想法,更没有批评沈从文的意思,只是笑着说:"这也好嘛,他的文章写得蛮好,可以通通信嘛。"

胡适的回答,令张兆和愈加不知所措,她只觉得这件事又可气又有点可笑。张兆和只好采取老办法——置之不理。爱写信你就只管写好了,反正这事与我无关。然而,这件事是否真的完完全全的与她无关呢?随着时间的推移,张兆和也有点说不清楚。虽然她连想都没有想过要去爱沈从文,但张兆和对沈从文也并不那么反感。首先,沈从文本身就不是那种让人反感生厌的人,相反,他的人品与才学,倒是博得了同学们的尊敬,这里边自然也包括张兆和。另外,沈从文不愧是个才气逼人的作家,封封情书,写得都那么精彩,不落俗套;即使不去理会信中的求爱,看一看这些文采飞扬的精美文字,也是一种精神享受。久而久之,张兆和开始有意无意地注意沈从文,这位沈先生啊,真拿他没办法。

沈从文确实是让人拿他没办法。张兆和在中国公学念了四年书,他就给她写了四年的信。1932年夏,张兆和毕业后回到苏州家中,他的情书又追到了苏州,一封封飞入张家宅邸。此时,沈从文已经离开上海,到山东任教。但是,世间万物都可变,沈从文锲而不舍地写情书却不可变。他抱定一个宗旨:哪怕信都被张兆和烧了,他也要写下去。不过沈从文并不知晓,他的情书并没被付之一炬,张兆和都把它们收入一只小箱子里了。

张兆和本是名门闺秀，张氏家族也是安徽合肥显赫的望族。父亲张武令迁居苏州，曾开办两所中学，一为男校一为女校，对贫穷人家的子女不收学费，由此可见张武令的为人。张兆和有兄妹十人，大都喜爱新文学，家里订有《小说月报》《新月》等刊物，沈从文的许多作品都发表在这两份杂志上，应该说张家兄妹对沈从文这个名字，绝不生疏。张兆和十岁时其母故去，后来她的父亲和继母住到上海，但张家兄妹大都住在苏州。

这年暑假的一天，沈从文乘车来到苏州，叩响了九如巷三号——张家宅邸的大门。他终于要面对面地和张兆和接触一下了，希望能得到一个明确答复。

苏州这座水乡古城素有"人间天堂"的美称，她古老文明而又美丽，其中古典园林享誉天下，像拙政园、留园、沧浪亭、网师园等无不精巧幽深，把自然景色、诗情画意浓缩在山水园林中，是中国园林艺术"南派"风格的典型代表。在明、清两代，园林最多时有一百七十多座。其实，苏州古城本身就是一座水上园林，这里漫布了纵横交错的河汊，河两边有小巧、别致的古朴的民居，门窗一律朝向河开，岸边还广栽垂柳、银杏。河面上不时摇过一只小船，无声地把水面荡开阵阵涟漪。城内交错的河流有十几条，河上横跨了各式小桥，桥的名字也很美：彩云桥、胭脂桥、塔影桥、日晖桥……差不多每座桥都有一段优美的民间传说。

沈从文不去看虎丘，也不游览寒山寺，更无心欣赏城内沿途美景，径直来到张兆和的家里，眼镜后边一双略带羞涩的眼睛，透出渴望的神情。谁知进门一问，张兆和已经去公园图书馆看书去了，而张家上下没有一个人认识沈从文。沈从文正在为难之际，幸亏张兆和的二姐张允和出来了，当她问清楚了沈从文的身份，得知这就是那个没完没了给妹妹写情书的作家，便请他到屋里坐：

"三妹看书去了，不久就回来，你进来坐坐等着。"沈从文哪好意思打扰，坚持回到已定好房间的中央饭店去了。张允和是个古道热肠、好成人之美的人，妹妹一回来，她便劝妹妹去看沈从文，可张兆和却说：

"去旅馆看他？不去！"

"你去就说，我家兄弟姐妹多，很好玩，请你来玩玩。"

张兆和在姐姐的催促下，来到中央饭店，站在房间门口，像小学生背书似的对沈从文说："沈先生，我家兄弟姐妹多，很好玩，你来玩！"正在房间里生闷气的沈从文一听，心情马上转好，跟了张兆和又到了张家。沈从文把一大包礼物送给了张兆和，其中大都是英译精装本的俄国小说，有托尔斯泰、陀斯妥耶夫斯基、屠格涅夫等人的著作，全是托巴金帮助选购的。另有一对书夹，上边饰有两只有趣的长嘴鸟，又精巧又别致。张兆和觉得礼物太贵重，只收下屠格涅夫的《父与子》《猎人笔记》，其他全部退回。张兆和并没猜错，沈从文为了准备这份厚礼，卖掉了一本书的版权呢。

于是，沈从文成了张家的常客。与张家姐妹在一起，也没什么更多的节目和游戏，多是由沈从文讲故事，谁让家里来了个"写故事"的客人呢。连张兆和都感到有些惊异，一向不爱讲话的沈从文，突然变了个人似的，变得能言善道了。张兆和的上小学的弟弟张寰和大概是第一个被征服的张家成员，很快对沈从文抱有好感，从自己的零花钱中拿出钱来，给沈从文买了瓶汽水，这竟使沈从文感动非常，当下向他许诺："五弟，我要写些故事给你读。"果然，沈从文后来写了部《月下小景》，每篇文章后边都附有"给张小五"几个字。

这年寒假，沈从文又来到苏州，因为大家都熟了，他也不怎么讲究，穿了件蓝布面的破狐皮袍就来了。张兆和的弟弟妹妹一见"沈二哥"来，一个个高兴极了。每当吃完晚饭后大家围坐在炭火盆前，"沈二哥"便不慌不忙，随编随讲地说开了故事，小姐弟们都听入了迷。可是，沈从文变得太能说了，他讲怎样猎野猪，怎样在滩流中驶船，描绘出一幅幅美丽的图画：旷野、树林、群山……他还学各种鸟儿的叫声，学狼叫学得更逼真，直讲得手舞足蹈，直讲得这些中小学生困得睁不开眼。幸亏他们都受过良好教育，勉强打起精神，撑着眼听，谁也不好意思走开。倒是张兆和有些掩饰不住她的困意。无论如何，沈从文这时已经被张家兄妹们承认、接纳了。

几天后,沈从文与张兆和一同去了上海,看望了张兆和的父亲和继母。见面之后,张武令和沈从文谈得很投机,沈从文的才学人品,给张武令留下了一个好印象。

该做的事,沈从文总算是全都做到了。张兆和终于接受了沈从文的求爱,沈从文也去拜望了张兆和的父亲。现在可以说,万事俱备,只欠东风。这东风是什么呢?就是张武令张老先生点头,应允女儿的婚事。

20世纪30年代的年轻人,懂得婚姻自主、恋爱自由的道理。但是,他们仍然非常注重父母对儿女婚姻的态度。也许在这一点上,张兆和比沈从文看得更重,难怪沈从文回青岛后特意写信关照张兆和:

"……如爸爸同意,就早点让我知道,让我这乡下人喝杯甜酒吧。"

自此,沈从文便紧张而焦急地等待回音。

第二十九章
大海情思

1931年秋天,应杨振声教授邀请,沈从文来到山东青岛大学任教。

沈从文来青岛,是怀了几分惆怅、几分伤感的。这一年,他痛失好友胡也频,心灵受到严重打击。接下来,为护送丁玲母子回湖南老家,他又耽误了时间,失去了武汉大学的一个不错的教职。此后,沈从文以沉痛的心情写下了长篇回忆文章《记胡也频》,寄托了对好友的哀思,心中方略感平复些。而在来青岛大学的时候,还有一件事令沈从文魂牵梦绕,那便是他在积极热烈地追求他的心上人张兆和,却连一丝反应都没有得到。

青岛,这座美丽的海滨城市,坐落在山东省东部,南临浩瀚黄海,西临胶州湾,是一个理想的天然港。青岛原本是个小渔村,1897年,德国侵占胶州湾,并把青岛开辟为军港和商港。第一次世界大战期间,青岛又被日军侵占,1922年才被收回。

青岛市并无很长的历史,所以市内基本没有古迹可寻。但青岛的地理位置和气候都很好,每逢夏季气候凉爽,又有美丽的海岸、平坦的沙滩,自然地成了一个避暑胜地。市区坐落在起伏的丘陵地带，很难看到一条街巷的尽头。到处是德国式的白墙红瓦建筑，站在至高点上观看，一片片深红色圆屋顶被葱绿的树冠包围，在蓝天白云之下，搭配得十分和谐。由于市内排水系统修建得科学，每当大雨过后，房上街上的尘污全顺了污水沟被冲入大海，再加雨过天晴日光照耀，一座整洁干净的小城就像是新建的一般，清清爽爽一尘不染。

然而沈从文绝想不到，在他刚来青岛大学没多久，徐志摩因飞机失事不幸遇难的噩耗突然传来，沈从文犹如听到迅爆的炸雷，被震呆了。第二天一早他便乘车赶到济南，冒着小雨到徐志摩灵柩停放处——一座名叫福缘庵的小庙，向徐志摩的遗体告别。告别了徐志摩的遗体，沈从文又无言地走进小雨之中，他没有哭泣没有哀叹，只把满腔的悲恸强忍在心间。沈从文仿佛一下子又回到了七八年前的北京，那时他还是个土头土脑的乡下青年，为了读书为了文学，在寒冷的都市里挣扎。如果说，在沈从文最困难最孤独无望的时候，郁达夫在情感与道义上给了他最大的声援，那么徐志摩则是在文学道路的初起阶段，给了沈从文最大的关切和帮助。那时徐志摩接替前任担当《晨报副刊》主编。沈从文正是有了徐志摩的首肯与鼓励，才第一次发表作品，第一次靠写作维持生活。第一个发现沈从文的文学天才的是郁达夫，而沈从文登上文坛则更多地依靠了徐志摩。这位诗人不仅采用了沈从文的稿件，还领他去参加在闻一多家举行的诗歌朗诵会。1925年,沈从文写于"窄而霉小斋"的散文《集市》受到徐志摩的盛赞,散文发表时徐志摩为沈从文写下难得的评论:

这是多美丽多生动的一幅乡村画。

作者的笔真像是梦里的一只小艇,在波纹瘦鳞鳞的梦河里荡着,处处有着落,却又处处不留痕迹;这般作品不是写成的,是"想成"的。给这类的作者,批评是多余的,因为他自己的想象就是最不放松的不出声的批评者;奖励也是多余的:因为春草的发青,云雀的放歌,都是用不着人们的奖励的。

志摩的欣赏

沈从文打心底里感激郁达夫、徐志摩这些文学前辈,如果没有他们的关怀和帮助,一个初学写作的乡下青年,不知还要走多么漫长崎岖的道路呢。

小雨,细润无声地浸入沈从文的心田,沈从文分明觉得,这雨水,有一股泪般的味道……

在青岛教书的日子,是平和安稳的,尤其置身在这座美丽而宁静的海滨小城,更叫人心情舒缓,把忧愁忘怀。而且,沈从文此时的生活也相当平顺,稳定的职业,稳定的收入,再加上他的创作又值高峰期,这一阶段单是发表的著作、文章就有六十余篇,已然摆脱了贫穷的困扰。不过，一个文学家的一生注定是不能安稳平淡的，即使身处顺境，内心也不会变作安宁的港湾，否则，他的事业生涯也就到此为止了。此刻，巨大的孤独网一般地罩着沈从文，令沈从文内心深处一刻也不得安宁。

冬去春来，风和日丽，万物复苏，树林深处，可以看到长着美丽羽毛的啄木鸟飞来飞去，听得见黄莺宛转动听的悦耳鸣叫。园中的桃花、玉兰、郁李、海棠和樱花，像约好了时间似的，一齐绽开了花朵。草坪上花木下到处聚集了游人，他们穿春装，携酒食，漫步在花团锦簇的园林之中。春天来了，花草树木获得了解放，人们也像是获得了解放，自由自在地在林间嬉耍游玩。压枝的繁花令人目不暇接，连通向山包的小径，都在银杏绿茸茸的枝叶掩映下，显得更加幽深难测。

沈从文有时穿过草坪边的杨树林，顺着银杏树夹道登上小山头，去瞭望大海。那海仿佛时时刻刻都在变化着，先前还像是条深蓝色的缎子，过一阵子，又变成一派银色，更显神秘。不过，沈从文更喜欢到海岸去，在那里离海最近，可以领略到大海更丰富更直接的风貌。他常穿过海滨浴场，走过炮台，走过建在海湾石滩上那所当年俄国某公爵的大房子，一直来到太平角凸出到海中的那个黑色大礁石群上。

这里已不能朝前再走，一抬眼，可觉得自己已经置身在碧色的汪洋之中。远远可望见水灵山岛的灰色圆影，船只驶过海面,在淡紫色的天边留下一缕轻烟。沈从文坐在离悬崖边数尺的礁石上,身下的岸礁直插海底。他听凭海风吹拂,一任阳光照晒。由于浪头不断撞击岸礁,他嗅到了带有咸味的雾雨,背后那片翠绿的马尾松,在海风吹扫下,发出阵阵松涛声,与海浪的声音交织混合,难以分辨。

从湘西赶到北京,到今日为止,沈从文的都市生活差不多已有十年之久了。这十年间又经历了多少啊。如今他已经快向自己的青年时代告别了,人也不是当初那个追寻生活探索生活的毛头小伙子了。可是,他对于生命的探寻还将继续下去,沈从文在思考着人生的真正意义:

"名誉、金钱或爱情,什么都没有,这不算什么。我有一颗能为一切现世光影而跳跃的心,就很够了。这颗心不仅能够梦想一切,而且可以完全实现它。……"

的确,沈从文对生活对生命的重新思考与认识,推动了他的文学创作向前发展,向更深刻更成熟发展。在北京期间,沈从文的文学创作还很幼稚,作品还基本属于对以往生活的直接的、照相式的再现。就像他自己说的那样:"我只想把我生命所走过的痕迹写到纸上。"也曾有人指出了他作品的不足,当时沈从文口头上虽未服气,声称"这是我的权利",但他在内心深处,却时刻想把自己的作品推向更高境界,他知道这可不容易,也不是一朝一夕的工夫可以完成的,因此,沈从文一刻也没忘记,当年北大老教授林宰平那番语重心长的话：

"一个人仅仅活下来容易；可是活下来，抱着自己的理想不放，坚持下去，却很难。"

迎着略带咸苦的海风，沈从文回想起林宰平的话，感慨万千。不是吗，从一个在泥土地上看斗鸡、斗鹌鹑，在河滩打架淘气的乡下野孩子，到如今的大学教授、文坛知名青年作家，是怎么走过来的？不正是他抱定了理想，咬牙努力才得以实现的么？

沈从文每每遥望着无际无涯的海面，便自然而然地感觉到生命的智慧和力量。他尽情地享受着阳光与海水，从中汲取生命所需要的热和力。他一次次用面前这片大海教育自己，荡涤自己的生命、灵魂。这个从小生长在河湖港汊边的南方青年，早早养成了依恋水的情怀，他甚至觉得，是水教会了他沉默和思考的习惯。如今，在大海面前，在世上最宽广的水域面前，沈从文心驰天外神游八方，心胸豁然开朗，精神再度升华。他忽然发现，自己内心在追求着一种自然、朴素、健康、直率的生活，过去的虽已过去，可是我还在，自信心还在：

"这种人也许是个乡巴佬，凡属新文人的风雅皆与他无缘。生活也许平平常常，并无轶闻佳话足供广播流传。思想信仰也许同现社会制度习惯皆显得十分冲突，不能相合，但却有一种更合理更谨严的伦理道德标准控制他，支配他，而且在他那些作品中，便表示出他对于旧制度习惯的反抗,向未来社会伦理道德的努力。……他不善摹仿,必得创造。(创造需要胆量同气魄,他就不缺少胆量同气魄!)工作失败了,他换个方式再干;成功了,也仍然换个方式企图更大的成功。"

"这种人相信人类应当向光明处去,向高处走。正义永远在他们心中燃烧,他们的工作目的就是向生存与进步努力。"

阳光变幻,海水一下呈现出瓦蓝瓦蓝的美色,几只白色的海鸟飞过,浑身上下显得愈加洁白鲜艳。

无疑,大海在不断激发沈从文的灵感,为他提供着无休尽的思想源泉。

沈从文自幼喜爱雨天,阴雨蒙蒙时节,他也爱在岸边徘徊。孤独的人,似乎更希望从海面上吹来的细雨,浸润一颗近乎干涸的身躯上近乎干涸的头颅。天蒙蒙,海蒙蒙,天与海在远处交融汇合。雾气遮挡下的浅灰色海水,泛起一排排白色浪花,冲刷着沙滩,撞击着礁石。雨水,顺着林间每棵树的第一根松针,泪般地淌下。这时的沈从文,常常迈上岸礁,注视着脚下的巨浪,在坚石上撞开。咆哮的涛声中,浪头化作喷射状的巨大花朵,自然垂落。哗,浪涛变成平整的海水向海中退出,紧接着,又一排翻滚着银白色浪花的波涛,迈过汹涌的浪潮,发着隐隐的轰鸣继续向礁岩扑来。或许,它们明知自己的命运,要以粉身碎骨而告终,可依然义无反顾地向着生命的终点,无畏地扑去。沈从文宁肯相信，这撞碎的海浪花，还会化作新的生命集结起来，重新扑向海岸。

抹一把额头的雨水，清凉凉的，沈从文忆起在济南福缘庵告别徐志摩时，也下着这样的小雨。徐志摩，逝去了，他给世人留下多少音韵和谐、意境优美的诗歌，供人们欣赏吟哦，可他，却一去不返了。在沈从文的心中，徐志摩永远是他的师长，徐志摩永远鲜活地存于他的记忆中。沈从文只觉得，在他的青少年时期，故去的亲友实在太多。聪颖活泼的胡也频，牺牲于龙华；忠厚诚实的满振先、真诚善良的郑子参，先后阵亡；直爽勇敢的陆弢，死于意外；侠肝义胆的刘云亭，亡于龙潭；儒雅可亲的文秘书，惨死于乱军……

沈从文不愿再想下去，返身走下悬崖。回去的途中，他经过海滨浴场，在空无一人的开阔的海滩泥地上，看见一把被海水漂成白色的小螺蚌，散乱在沙砾上。他把这些美丽的螺蚌一一捡到手中，这些螺蚌虽已失去了原有的生命，却给人间留下了漂亮的贝壳。假如人也能做到这样，是美丽的还是丑恶的？是真实的还是狡诈的？是忠诚的还是虚伪的？是清白的还是贪婪的？沈从文边走边思索。一个敲捡牡蛎的穷人家小女孩与他擦肩而过，她侧过头好奇地端详沈从文。沈从文瞥见，女孩手臂下的竹篮中，不只装了牡蛎，还有一把黄花，花儿在风中轻轻地摇曳着。

秋去冬来，寒风渐紧。沈从文不大到海边去了，闲下来如不读书写作，也会顺着小路登上山包，眺望大海。冬日的海滨，也显现出几许苍凉，山道两边的银杏树，早已露出浑身的枝杈，偶尔还可看到几片焦黄的叶子，摇摇欲坠地挑在梢头，令人不忍多看。

朔风又起，沈从文感到有点寒冷难支，便匆匆下山，朝宿舍赶去。走过枯黄的草坪，有几个姑娘在林边散步，其中有一人的背影看上去，很像是张兆和，沈从文心中不由又是一阵烦乱。时间流逝得有多快啊！他耐心追求了整整四年，也急切期待了整整四年。难道上苍太狠心了，才迟迟不叫人与心爱者幸福结合美满生活？什么时候，才能走到美丽善良的张兆和的身边呢？

长时间地、日复一日地思索，沈从文隐约感到，胸腔深处有一股难以名状的创作冲动，好似地下炽热的岩浆，隐忍着等待迸发。可是，孤独了太久、愁烦得太深的人，一时无从释放这股冲动，于是，又陷入更加孤独更加愁烦的境况之中。沈从文甚至已经没有太多的心思，去顾及这种冲动，一个连爱情都获得不了的人，即便事业有成，是不是也属于一种畸形的人呢？沈从文不愿多想。焦急的企盼，有时让人六神无主，沈从文宁愿自己变得麻木一点，也好减免一些度日如年的苦闷。

这天，邮递员又来到沈从文的宿舍，照例放下些信件报刊便走了。沈从文随手翻检，猛然间心头一震，眼前手中，分明是一封电报，是从苏州拍来的电报，就在脑间出现短暂的空白之际，两手已把电文展开。一串醒目的文字，闪现眼前：

"乡下人，喝杯甜酒吧。"

这是沈从文和张兆和约定好的暗语，说明他们的婚事，已经获得张兆和父亲的同意！张兆和在发这封电报时，电报员一脸不解地问她，这是什么意思。张兆和不好意思地说："你甭管，照拍好了。"可是沈从文对这句话的含义，知道得再清楚不过了。尽管如此，沈从文还是一遍又一遍地念着："乡下人，喝杯甜酒吧。"

巨大的幸福陡然降临，沈从文竟不知是悲是喜，只觉着幸福感与孤独感缠绕得太密太乱。他无法忍受这小小房间里令人窒息的闷气，即刻推开屋门朝外走去。

沈从文迈着急切的步子，来到海边。他登高极目，海天青碧相连。无风的日子里，大海出奇的平静，一波不起，可沈从文却心涛如捣，胸际起伏难平。乡下人，喝杯甜酒吧。乡下人，喝杯甜酒吧。沈从文用他那背记下千百篇诗文的大脑，努力地无数次地复述着那句简单的电文。海面上每驶过一条船，他都想跳上去，离开青岛。他急切地盼望寒假早日来到，他将一天也不耽搁，立即赶到苏州，飞到张兆和的身旁。

孤独寂寞的人，终于可以品尝生活赐予的甜酒了。远处，传来几声微弱的汽笛声，沈从文知道，又一艘轮船将要驶进港湾了。

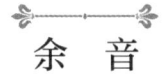

余 音

    1933年9月,沈从文与张兆和在北京宣布结婚,从此沈从文开始了新的生活。

    1934年1月至4月,沈从文分段完成并发表了他的不朽之作——小说《边城》。《边城》的问世,标志着沈从文这位文学大师的创作,迈上了一个新的高峰。